UN CORAZÓN ARDIENTE

JOHN BEVERE

UN CORAZÓN ARDIENTE

BETANIA

Un Sello de Editorial Caribe

Betania es un sello de Editorial Caribe

© 2000 Editorial Caribe
Una división de Thomas Nelson, Inc.
Nashville, TN—Miami, FL (EE.UU.)

email: editorial@editorialcaribe.com
www.caribebetania.com

Título en inglés: *A Heart Ablaze*
©1999 John Bevere
Publicado por Thomas Nelson, Inc.

Traductor: Ricardo Acosta

ISBN: 0-88113-577-1

3ª Impresión

DEDICO ESTE LIBRO A DOS HOMBRES PIADOSOS:

PRIMERO, AL PASTOR AL BRICE:

Te has preocupado por Lisa y yo como si fuéramos tu propia familia.

Has valorado el ministerio que Dios nos confió como si te lo hubiera confiado a ti.

Has orado por nosotros como si lo hicieras por tus propias necesidades.

Nos has mostrado un amor desinteresado que solo nuestro Salvador puede dar.

Hicieron pacto Jonatán y David, porque él le amaba como a sí mismo (1 Samuel 18.3).

Gracias, Al, porque has sido amigo por casi veinte años, ¡y tenemos toda la eternidad para continuar nuestra amistad!

SEGUNDO, A LORAN JOHNSON:

Has trabajado con Lisa y conmigo en este ministerio sin esperar nada a cambio.

Te has alegrado con nosotros en la victoria y has orado con diligencia en nuestros momentos de necesidad.

Nos has amado como un padre.

En todo tiempo ama el amigo, y es como un hermano en tiempo de angustia (Proverbios 17.17).

Gracias Loran, eres un amigo verdadero.

Contenido

RECONOCIMIENTOS

Agradezco sinceramente...

A mi esposa Lisa. Gracias por ser mi mejor amiga, mi más fiel partidaria, esposa y madre de nuestros hijos. Eres para mí un verdadero regalo de Dios que aprecio muchísimo. Te amo, vida mía.

A nuestros cuatro hijos: Addison, Austin, Alexander y Arden. Todos ustedes han traído alegría a mi vida. Son un tesoro especial. Gracias por estar conmigo en el llamado de Dios y por animarme a viajar y a escribir.

A mis padres, John y Kay Bevere. Gracias por el estilo piadoso de vida que me enseñaron. Los dos me han amado no solo de palabra sino con acciones.

Al pastor Al Brice, a Loran Johnson, Rob Birkbeck, Tony Stone y Steve Watson. Gracias a ustedes por servir como consejeros en nuestras oficinas ministeriales en Europa y los Estados Unidos. El amor, la generosidad y la sabiduría que dan desinteresadamente han conmovido y fortalecido nuestros corazones.

Al personal de Ministerios John Bevere. Gracias por su ayuda y fidelidad inquebrantables. Lisa y yo amamos a cada uno de ustedes.

A David y Pam Graham. Gracias por su apoyo fiel y sincero en la supervisión de nuestra oficina europea.

A nuestro nuevo pastor, Ted Haggard. Su entusiasmo y alegría hacia nuestra familia y ministerio han sido un gran estímulo para nosotros. Ansiamos los años venideros.

A Rory y Wendy Alec. Gracias por creer en el mensaje que Dios ha puesto en nuestros corazones. Apreciamos su amistad.

A Victor Oliver, Rolf Zettersten y Michael Hyatt. Gracias por animarnos y por creer en el mensaje que Dios ha encendido en nuestros corazones.

A Brian Hampton. Gracias por tus habilidades de corrector en este proyecto. Pero más que todo, gracias por tu ayuda.

A todo el personal de Thomas Nelson Publishers y Caribe-Betania Editores. Gracias por apoyar este mensaje y por su amable ayuda profesional. Es fabuloso trabajar con un gran grupo como son ustedes.

Ante todo, mi sincero agradecimiento a mi Señor. ¿Cómo podría reconocer con palabras todo lo que has hecho por mí y por tu pueblo? Eres más de lo que puedo expresar.

Introducción

Este libro es un viaje hacia la verdad. Muchos anhelan esta verdad, pero cuando los confronta, la rechazan, la esconden o la tergiversan para su propio beneficio. Esta condición ha creado graves problemas a nuestra generación, dando como resultado una sociedad inmersa en el engaño. Jesús advirtió una y otra vez a los hijos de nuestro tiempo contra esta misma situación.

El engaño conlleva un problema mayor porque quienes se encuentran atrapados en él creen que caminan en la verdad. Así describió Pablo a Timoteo los días postreros: «Vendrá tiempo en que no sufrirán la sana doctrina, sino que teniendo comezón de oír, se amontonarán maestros conforme a sus propias concupiscencias, y apartarán de la verdad el oído y se volverán a las fábulas» (2 Timoteo 4.3-4). Una definición de la palabra griega traducida *fábulas*, que se encuentra en el versículo 4, es «falsedad». Si por mucho tiempo se hace ver a la falsedad como verdad, muchos la aceptarán en sus vidas.

Cuando la verdad se revela en la Biblia, es rechazada como herejía. Oí decir a un predicador: «Las doctrinas poco sólidas que se enseñan en nuestras iglesias no son mensajes del directorio telefónico. Son mensajes extraídos de las Escrituras». Él estaba advirtiendo que esas doctrinas se derivaban de la Biblia y por consiguiente se aceptaban ampliamente, aun cuando eran poco sólidas.

El escritor de Proverbios previó esta situación y escribió: «Hay generación limpia en su propia opinión, si bien no se ha limpiado de su inmundicia» (Proverbios 30.12). En este libro nos daremos cuenta de que se refería a nuestra generación.

El mundo entero tocaría a la puerta de la verdad y entraría por ella si fuera agradable a nuestros sentidos y fácil de seguir.

Sin embargo, Jesús dejó bien claro que ese no es el caso: «Todo aquel que hace lo malo, aborrece la luz y no viene a la luz, para que sus obras no sean reprendidas, mas el que practica la verdad viene a la luz, para que sea manifiesto que sus obras son hechas en Dios» (Juan 3.20-21). Solo quienes temen a Dios aman la verdad.

En este día y hora surgen interrogantes difíciles. ¿Por qué les falta pasión a muchos en la Iglesia? Hemos invertido miles de millones de dólares en medios de comunicación, edificios, anuncios y muchos otros medios de propagación del evangelio. Sin embargo, ¿por qué muchos en la Iglesia luchan aún con la concupiscencia y los deseos por los placeres de este mundo? ¿Por qué más del ochenta por ciento de nuestros convertidos regresan al mundo de las tinieblas? ¿Cómo puede afirmar un pecador que ha tenido la experiencia de un nuevo nacimiento, si no cambia en absoluto? Creo que una respuesta a todo lo anterior es: falta de fuego y pasión por Dios.

Si observamos a los que nos antecedieron, encontraremos claras diferencias. ¿Qué motivó en Moisés el deseo de buscar a Dios, cuando le costó una vida de logros? ¿Por qué Jeremías, Isaías y otros profetas continuaron proclamando las mismas palabras que les trajeron persecución y privaciones? ¿Por qué las personas de la iglesia primitiva pudieron renunciar a sus posesiones, a su comodidad y a sus propias vidas por el evangelio? ¿Qué fuerza hubo en la iglesia primitiva que les impulsó a predicar valientemente bajo la amenaza de tortura y muerte, cuando la lucha más grande para muchos en la Iglesia de hoy día es vencer una mala autoimagen? De nuevo, la respuesta es el fuego de Dios.

Necesitamos el fuego de Dios que está a disposición de todos los sedientos de la verdad. El fuego no llega sin confrontación, pero la mayoría ya está cansado de halagos y está lista para el cambio. El temor de mantener cualquier carga dolorosa tropieza con la verdad. Quienes toman tal posición se encuentran desesperados por oír del Señor de gloria. Están listos para verlo glorificado realmente en sus vidas.

Sin importar dónde se encuentre usted en su caminar con el Señor, todavía hay espacio para más del santo fuego de Dios. Si teme que casi se haya extinguido ese fuego, llénese de valor y tenga esperanza. Él ya prometió:

La caña cascada no quebrará,
Y el pábilo que humea no apagará,
Hasta que saque a victoria el juicio (Mateo 12.20).

¡Qué amor misericordioso tiene nuestro Padre! Ruego que este libro revele la verdadera preocupación de Dios por nuestra condición. Él se interesa más por nuestra condición que por nuestra comodidad y nos ama lo suficiente como para decirnos lo que debemos oír.

Nunca me había emocionado tanto un mensaje, porque estas palabras me han conmovido profundamente. Este proyecto fortaleció mi comprensión hacia quien en verdad lo escribió. Solo soy un conducto por el cual el Maestro dio su mensaje. Tengo cuidado de darle a Dios toda la gloria por cualquier cosa que Él haga por medio de este libro. Quizás encienda un fuego santo en su vida y tal vez usted nunca vuelva a ser el mismo. Oremos al comenzar este viaje:

Padre, en el nombre de Jesús, te pido que mientras leo este libro me hables personalmente mediante tu Espíritu. No temo a la verdad sino que la anhelo. Al hacerla mía, haz que tu fuego santo arda dentro de mi corazón. Deja que su intensidad me consuma, haciéndome amar lo que amas y odiar lo que odias. Mientras leo, abre mis ojos para ver a Jesús con más claridad que nunca. Reconozco que Él es tu Verdad y tu Palabra revelada. Te agradezco de antemano por cambiar mi vida con tu mensaje escrito en este libro. Amén.

CAPÍTULO 1

UNA NOCHE INOLVIDABLE

*Dios prenderá fuego a su pueblo con una pasión intensa
y ardiente cual nunca antes habíamos visto.*

Ocurrió en la cuarta y última de una serie de reuniones en la
Iglesia Covenant Love Family, en Fayetteville, Carolina del
Norte. No era la primera vez que yo estaba allí, porque ya antes
había ministrado varias veces en esta iglesia. Las reuniones siempre
daban frutos maravillosos porque en ese lugar había genuino
amor y sed por Dios.

Era tarde y ya había pasado el tiempo que normalmente tarda
un culto regular. No obstante, no me atrevía a concluir; me
encontraba en medio de una lucha. El mensaje fue claro y conciso,
y muy entusiasta la respuesta de las personas. Sin embargo,
tuve la sensación de que faltaba algo. Por lo general cerraba una
serie de cultos teniendo la sensación de haber cumplido, especialmente
con una iglesia receptiva. Esa noche fue distinto.

La lucha se hacía más fuerte al recordar una y otra vez las palabras
que el Espíritu Santo me había susurrado en el corazón
mientras volaba a Fayetteville: «Estas reuniones serán las más
poderosas que hayas experimentado en esta iglesia».

En el transcurso de los años había estado en esa iglesia siete u
ocho veces, y no dudaría en incluirla en mi lista de reuniones
transformadoras de vidas. Recuerdo mi pensamiento en el avión:
Bien vale la pena.

Me hallaba de pie en el estrado totalmente perplejo. Las reu-

1

niones no habían sido las más poderosas. Me era difícil compararlas con los significativos actos y testimonios de cultos anteriores. Luché con la tentación de quejarme, sin embargo sentí que debía mantenerme enfocado en el desarrollo del culto. Necesitaba desesperadamente oír de Dios.

Parecía que la presencia de Dios estaba sobre la congregación. Parecía como si Él quisiera caer en las personas de una manera firme y poderosa, pero que de algún modo estuviera contenido. Aquí y allá había grupos aislados de personas que lloraban. No obstante, sentí que Dios quería mucho más. Aunque en noches anteriores había experimentado un ambiente similar, estaba seguro de que en la última noche el Señor nos honraría con su refrescante presencia, tal como lo hiciera en el pasado. No habría otro culto. Me pregunté: «¿Por qué el Señor no está tocando a estas personas cuando percibo que desea hacerlo?»

LA REVELACIÓN QUE DIO DIRECCIÓN

Luego escuché la tranquila y suave voz del Espíritu Santo que me hablaba. Me mostró que algo estaba entorpeciendo a las iglesias de esta ciudad, y que había también un obstáculo en el culto. Esto impedía que las iglesias crecieran más allá de cierto punto. Una vez que lo conseguían, se dividían o se volvían religiosas e ineficaces.

Al poco tiempo de haber hablado de esto con la congregación, el pastor subió y lo confirmó. Él había hecho estudios recientes e históricos sobre la ciudad, y afirmó que lo que yo había manifestado era estadísticamente cierto. Mientras él hablaba escuché de nuevo la voz del Espíritu Santo. Me explicó la manera de romper esta atadura.

El pastor me pasó el micrófono cuando terminó de hablar. Entonces dije: «Hermanos míos, Dios me ha mostrado que un ayuno de cuarenta días romperá este obstáculo».

Casi se podían escuchar los pensamientos de las personas: *¡Pasaremos cuarenta días sin comer!*

Continué: «No necesariamente es un ayuno de alimentos, y

lo más probable es que no se trate de una total abstinencia de comida. Es abstenerse de lo que los mantiene alejados de buscar al Señor. Podría ser televisión, videos, juegos computarizados, periódicos, compras excesivas, conversaciones telefónicas, etc.»

Este es un verdadero ayuno. Muy a menudo hacemos huelgas de hambre para oír de Dios y no obstante continuamos con nuestras vidas atareadas y confusas. Esto no es ayuno; en consecuencia tenemos pocos beneficios. Un ayuno verdadero ocurre cuando nos abstenemos de una manera más centrada con el propósito de buscar a Dios.

Los hijos de Israel se abstenían de alimentos y cuestionaban al Señor: «¿Por qué no estás impresionado?» o «¿Por qué ni siquiera notas nuestros esfuerzos?»

Dios respondió al pueblo a través del profeta Isaías: «He aquí que en el día de vuestro ayuno buscáis vuestro propio gusto ... para contiendas y debates ayunáis, y para herir con el puño inicuamente; no ayunéis como hoy, para que vuestra voz sea oída en lo alto» (Isaías 58.3-4).

Devolví el micrófono al pastor, quien inmediatamente se comprometió a ayunar y pidió hacer lo mismo a toda la congregación. Unánimemente pusieron sus corazones en busca de Dios.

Al otro día me di cuenta de que en mi agenda estaba disponible el domingo siguiente a los cuarenta días de ayuno. Hablé de esto con el pastor, quien respondió: «Me encantaría que usted estuviera aquí».

Durante las siguientes semanas nos mantuvimos en contacto. Ya estaban llegando testimonios emocionantes de las familias que participaban en el ayuno. Estudiantes que estuvieron rezagados en el colegio veían ahora que sus notas C y D se convertían en A y B. Había informes de niños y jóvenes que ahora eran más obedientes y respetuosos. Las actividades mundanas parecían perder su influencia y atractivo. Muchas esposas emocionadas contaban cómo sus maridos se habían vuelto hombres diferentes. Había padres que dirigían devocionales familiares de enseñanza bíblica y oración. Se restauraban relaciones, mientras algunos experimentaban sanidades físicas. Los hogares cambiaban totalmente cuando sus integrantes se volvían a Dios.

Supe también por el pastor que los cultos se hacían más poderosos y varias personas nuevas llegaban al Reino de Dios. Como resultado de esta obediencia de la iglesia a hacer caso al mensaje de Dios, prácticamente todas las áreas estaban cambiando.

UN DÍA QUE NUNCA OLVIDARÉ

Seis domingos después, el 3 de noviembre de 1996, regresé a ministrar a esa iglesia. Sería un día inolvidable. Desde que entré al santuario para el culto matutino noté que el aire estaba cargado de expectativas. El mensaje que di de la Palabra de Dios fue recibido con corazones y almas deseosas del Señor.

Al concluir el culto, el pastor animó a la congregación a llegar temprano esa noche para que prepararan sus corazones en oración. También informó a los padres que esa noche los niños de la iglesia estarían incluidos en el culto principal. Quería que los niños de todas las edades estuvieran juntos, a excepción de los menores de siete años. Yo sabía que él nunca antes había hecho algo así. Advirtió a los padres: «Si ustedes o sus hijos se pierden el culto, se arrepentirán el resto de sus vidas». Su comentario me sorprendió y casi me preocupó, pero decidí guardar silencio, y estoy feliz de haberlo hecho.

Esa noche el auditorio estaba repleto con casi mil trescientas personas. Prediqué sobre el temor de Dios, y el mensaje concluyó aproximadamente a las nueve de la noche. La enseñanza había sido tan intensa que se podía escuchar un alfiler al caer en el auditorio cada vez que yo hacía una pausa, incluso con todos los chicos presentes.

Al finalizar el mensaje, el líder de adoración y yo dirigimos a la congregación en dos cánticos de adoración. Luego escuché al Espíritu Santo que me susurraba: «Quiero ministrar a las personas. Déjame hacerlo, por favor».

Comprendí que aun cuando entonábamos cánticos de ado-

4

ración, no era en la dirección que el Espíritu quería. Así que alerté a la audiencia: «El Señor acaba de hablar a mi corazón. Quiere ministrarnos, de modo que permitámoselo y enfoquémonos en Él».

Durante algo así como los diez minutos siguientes se pudo escuchar a varias personas llorando tranquilamente en la presencia del Señor. Todo parecía indicar que ocurriría lo mismo que había pasado en los cultos de seis semanas atrás, sin embargo yo sabía que algo diferente estaba a punto de suceder.

Cerca de las nueve y cuarto cambió de repente la tranquila atmósfera. Pude oír llantos agudos que llegaban del fondo del salón. Me fue fácil identificarlos como las voces de los chicos. Aproximadamente ciento cincuenta niños entre siete y doce años de edad estaban sentados con sus maestros en la parte trasera derecha del auditorio. Yo sabía que Dios los estaba tocando. Los invité al frente, diciendo: «Los niños, Dios está tocando a los niños. Quiero que todos los niños que el Señor está tocando vengan al frente del estrado».

Nunca olvidaré lo que vi. Algunos podrían pensar que exagero, y estaría de acuerdo si no hubiera sido un testigo presencial junto con las otras mil doscientas personas. Cuando describo la grandeza de lo que vi esa noche, francamente soy incapaz de hacerlo con exactitud, pero lo intentaré. Debo señalar que esa es una iglesia bastante conservadora. La mayoría de los miembros provienen de denominaciones poco expresivas, o no crecieron en la iglesia y llegaron a ser salvos allí. El pastor es un gran maestro no dado a extremismos, sensacionalismos o exageraciones.

Observé a los niños, en su mayoría entre siete y nueve años, bajando por el pasillo hasta donde yo estaba. Lloraban de manera incontrolable. Muchos se cubrían el rostro con las manos. Otros luchaban por caminar rectos. Al llegar frente al estrado, algunos cayeron de rodillas porque no tenían fuerzas para permanecer de pie, pero la mayoría se desplomaba como si las rodillas cedieran completamente. Todos cayeron, unos encima de otros. Los llorosos ujieres los ayudaban. En pocos instantes vi que casi cien niños pequeños lloraban y gritaban, mientras la mayoría temblaba en gran manera. Estaban envueltos en la manifiesta presencia del Señor.

Esto no continuó por dos o tres minutos, ¡sino por una hora! Usted podría pensar que tal vez sea molesto ver tantos niños gimiendo y llorando todo ese tiempo, pero fue maravilloso. Los ojos de casi todos los adultos estaban llenos de lágrimas mientras observaban lo que Dios estaba haciendo en los niños. Sin embargo, al mismo tiempo ellos mismos eran tocados fuertemente por la poderosa presencia del Señor. Era como si entrara una ola de la presencia divina, solo para ser seguida de otra más poderosa. Cuando parecía que los niños ya no podían llorar, gritar o temblar, otra ola de la presencia divina llegaba y levantaba la intensidad a otro nivel. Debido a la intensa presencia de Dios, en ocasiones solo atiné a recostar la cabeza en el podio.

Observé a una chica no mayor de siete años que retorcía profusamente las manos como si se estuvieran incendiando. Su levantado rostro estaba bañado en lágrimas mientras gritaba. Se podía sentir de manera tan fuerte la presencia de Dios en esos niños, que los ujieres ya no los ayudaban, aunque en un principio lo habían hecho. Solo permanecían de pie, observando y llorando.

Varios adultos yacían de bruces... inmóviles. Otros permanecían de pie compungidos y con los ojos llenos de lágrimas. Miré varias veces detrás de mí y vi al pastor llorando con las manos en el rostro. Su esposa prorrumpió en llanto en la galería del coro.

Más tarde, el pastor escribió una carta en la que describía la noche desde su posición ventajosa: Aunque este relato es parecido, sentí que era importante registrarlo como otra perspectiva más.

El domingo 3 de noviembre de 1996 será un día que nunca olvidaré. Creo que anuncia lo que Dios está a punto de hacer en la tierra. John predicó en el culto nocturno sobre el temor de Dios y luego declaró: «Dejemos que Jesús se enseñoree en todas las esferas de nuestras vidas y rindámonos completamente a Él como nuestro Señor».

Adoramos por algún tiempo, y luego John dijo: «Siento al Espíritu Santo moviéndose en este lugar». En ese momento oí sollozos de niños, jóvenes y adultos. Estos últimos comenzaron a llegar al altar llorando y sollozando. John dijo después: «Dios está tocando a los niños, los niños están sintiendo poderosamente el toque del Señor». Entonces llamó al frente a los niños que estaban siendo tocados por la presencia de Dios.

Vi niños que corrían hacia el altar, llorando de modo incontrolable. Entre ellos estaban mis tres hijos y mi hija. Tendidos en el suelo o arrodillados, todos los niños clamaban y gritaban a Jesús. Algunos temblaban y retorcían profusamente las manos mientras el fuego de Dios se movía en medio de ellos. Casi un centenar de niños atiborraban el altar y el santuario se inundaba con las olas del Espíritu de Dios. Observé cómo un chico tras otro caían sobre un tercero sin que los hubiera tocado nadie. Parecían fichas de dominó. Por una hora (fue una hora y quince minutos, pero no quiero cambiar lo que él escribió) estuvimos saturados de la presencia de Dios. Casi al final del culto padres e hijos se abrazaban y lloraban mientras la presencia de Dios tocaba sus corazones.

Un chico de diez años nos dijo que cuando yacía en el piso vio rayos de luz blanca brillante que salían del cielo raso y caían sobre cada uno. Varios adultos de la congregación y del coro repetían lo mismo. Nadie salió del culto hasta las once de la noche. Tuvimos que cargar a los niños que continuaban llorando.

Estoy recibiendo informes de familias cambiadas; niños que testifican y obedecen, etc. Como pastor doy fe de que mi hogar y mis hijos son diferentes.

Dr. Al Brice, Pastor Principal
Iglesia Covenant Love Family
Fayetteville, Carolina del Norte

Llamó mi atención el informe dado por el chico que vio los rayos brillantes de luz blanca que salían del cielo raso. Leemos en el libro de Habacuc:

Oh Jehová, he oído tu palabra, y temí.
Oh Jehová, aviva tu obra en medio de los tiempos,
En medio de los tiempos hazla conocer;
En la ira acuérdate de la misericordia.
Dios vendrá de Temán,
Y el Santo desde el monte de Parán.
Su gloria cubrió los cielos,
Y la tierra se llenó de su alabanza.
Y el resplandor fue como la luz;
Rayos brillantes salían de su mano,
Y allí estaba escondido su poder (Habacuc 3.2-4).

Estoy seguro de que este chico no tenía la más remota idea de que hace mucho tiempo Habacuc escribiera algo parecido. Somos testigos de que Joel vaticinó: «Profetizarán vuestros hijos y vuestras hijas ... y vuestros jóvenes verán visiones» (Joel 2.28). Sin tener conocimiento previo, el niño de diez años estaba describiendo una visión similar ya descrita en la Biblia.

Otro niño afirmó con valentía: «Mamá, xxxaun no ha terminado el ayuno». Sus palabras no solo fueron proféticas sino que expresaban verbalmente el deseo de muchos otros. Estas personas jóvenes experimentaron la presencia del Dios vivo, y sus vidas cambiaron. Querían continuar sin detenerse.

Esa noche la esposa del pastor nos leyó las Escrituras por las que Dios le había hablado acerca de lo sucedido:

Por eso, pues, ahora, dice Jehová, convertíos a mí con todo vuestro corazón, con ayuno y lloro y lamento [hasta que sea quitado todo obstáculo y se haya restaurado la amistad rota]. Rasgad vuestro corazón, y no vuestros vestidos (Joel 2.12-13).

Mi corazón ardía en mi interior cuando ella leyó estos versículos. La frase «convertíos a mí» describía la determinación de la iglesia. Las personas estaban alineadas en su empeño de llegar al corazón de Dios. No retrocederían.

El Señor nos dio instrucciones de rasgar nuestros corazones y no nuestros vestidos. He visto creyentes e iglesias que aparentan tenerlo todo, sin embargo no tocan el corazón de Dios como lo hacía esta iglesia. ¿La razón? Quizás ayunaban, tenían reuniones de oración y se abstenían de indulgencias externas. Esto los hacía ver buenos en lo que respecta al «vestido» externo, pero en su interior ocultaban corazones intransigentes. Aun vivían para sus propios asuntos en lugar de vivir para el servicio de otros. Dios se impresiona más con la sumisión interna que con las apariencias externas de cristianismo. Joel continuó:

Tocad trompeta en Sion, proclamad ayuno, convocad asamblea. Reunid al pueblo, santificad la reunión, juntad a los ancianos, congregad a los niños y a los que maman, salga de su cámara el novio, y de su tálamo la novia (Joel 2.15-16).

El fuego en mi corazón se extendía mientras la esposa del pastor continuaba leyendo. Describía cómo Dios había dado instrucciones a esta iglesia exactamente cuarenta días antes. Cuando el mensaje profético se anunció con bombos y platillos, todos se colocaron en la búsqueda de Dios. Desde los líderes hasta los niños, nadie estaba exento. Ella continuó leyendo:

Y después de esto derramaré mi Espíritu sobre toda carne, y profetizarán vuestros hijos y vuestras hijas; vuestros ancianos soñarán sueños, y vuestros jóvenes verán visiones. Y también sobre los siervos y sobre las siervas derramaré mi Espíritu en aquellos días (Joel 2.28-29).

«Y después de esto». He leído una y otra vez este versículo citado. Es más, desde que nací de nuevo, muchos creyentes y ministros también se han referido con frecuencia a Joel 2.28-29. Se habla de hijos e hijas profetizando y viendo visiones junto con las señales y prodigios del Espíritu Santo. Sin embargo, en discusiones y prédicas a menudo se pasa por alto la expresión «y después de». Si algo está profetizado para que suceda «después de», entonces algo importante se debe realizar «antes de»: la respuesta de la Iglesia a la trompeta, para estar cerca de Dios.

El Señor responde poderosamente cuando nos acercamos. Debemos acercarnos cuando Él llama. Otro elemento importante es el tiempo. Esto es lo que se pierden muchos creyentes. Creo que mientras usted lee este libro comprenderá que aunque los creyentes tienen en todo momento una invitación abierta a llegar ante el Señor mediante la oración y la comunión, hay ocasiones y temporadas en que Él nos llama para propósitos específicos. Durante estas ocasiones el tiempo se vuelve crucial, porque si no respondemos nos perdemos la bendición que Él desea darnos.

Más que en nuestra propia voluntad o deseo, el enfoque en estos tiempos está en la obediencia. Dios se agrada mucho más con la obediencia que con el sacrificio. He visto iglesias que ayunan regularmente y oran día y noche, y sus miembros sacrifican el sueño para cumplir con su espacio de oración. Pero esto no garantiza el poder ni la presencia de Dios. También a menudo he visto que a esas iglesias les falta lo que tiene en abundancia la iglesia de la que escribo. Tienen la forma, pero no el corazón.

Lo mismo ocurre con los individuos. He visto muchos que ayunan y oran de manera religiosa, sin embargo les falta la libertad, el poder y el conocimiento íntimo de Dios que he visto en otros que no se sacrifican tanto, pero que responden a la dirección del Espíritu de Dios.

La iglesia hizo caso al llamado de la voz de Dios. En el año y medio siguiente se duplicaron en tamaño. Es más, la noche en que nos reunimos acababan de terminar la construcción del santuario y a los seis meses tuvieron que comenzar otro programa para construir uno más grande.

Después de eso el pastor y yo conversamos con frecuencia. Me dijo: «John, nuestro segundo culto dominical, que se inicia a las diez de la mañana, termina entre las dos y las tres de la tarde». Un domingo me llamó y dijo que tuvo que decir a la congregación: «Váyanse a casa, por favor». Manifestó que las personas se quedaron de pie mirándolo, sin querer salir.

Dios cumplió su palabra. Esas reuniones fueron las más poderosas que esa iglesia había experimentado. Ocurrió así gracias a nuestra cooperación con su Espíritu y a nuestra obediencia a su dirección. Han pasado tres años y el pastor recibe todavía informes de ese culto. El fruto se ha mantenido. He ministrado allí algunas veces desde entonces y he visto un incremento en la pasión y en la sed genuina por Dios.

UN ANTICIPO DE LO QUE VENDRÁ

Un año antes yo estaba en Kuala Lumpur, Malasia, ministrando durante una semana de cultos en el instituto bíblico más grande de la nación. En nuestro octavo culto hubo una experiencia similar, pero duró solo entre cinco y diez minutos. El Espíritu de Dios cayó sobre los estudiantes y los demás asistentes. Esta es otra reunión que nunca olvidaré. Dios me habló la mañana siguiente al culto, cuando estaba orando: «Verás por todas partes lo que viste ayer, porque esta es una de las últimas acciones de mi Espíritu, la cual ocurrirá en la Iglesia». Me mostró que esta acción de su Espíritu produciría el fruto de la verdadera santidad en la Iglesia y que la prepararía para la cosecha venidera. Dios encenderá a su pueblo con una pasión intensa y ardiente que no hemos visto antes.

No creo que usted esté leyendo este libro por casualidad, sino por providencia divina para crearle ansias y preparar su corazón hacia lo que Él está a punto de hacer. Debemos alistarnos personalmente para su Segunda Venida. El apóstol Juan escribió: «Gocémonos, alegrémonos y démosle gloria; porque han llegado las bodas del Cordero, y su esposa se ha preparado» (Apocalipsis 19.7).

Nosotros somos esa novia de Cristo, y tenemos un papel

crucial en prepararnos para estar unidos con Él. Quiero volver a resaltar este punto: Debemos prepararnos personalmente. Esta es una fusión divina. ¡Él no lo hace todo por nosotros! Es nuestra respuesta a su provisión. Él provee la gracia y nosotros abrazamos el fuego. Él no regresará por una iglesia imperfecta y manchada por el mundo. Regresará por una novia pura, cuyo corazón arde con la verdadera santidad.

CAPÍTULO 2

EL PROPÓSITO DE LA SALVACIÓN

Dios, quien creó el universo y todo lo que lo compone, expresa su intención de morar en nosotros y entre nosotros.

Con frecuencia escucho a líderes que utilizan la palabra *visitación* cuando describen un encuentro con la presencia de Dios, ya sea que ocurra de manera individual o colectivamente como pasó en el culto descrito en el capítulo anterior. El deseo del Señor no es *visitar* sino *habitar*. Ilustraré la diferencia: Tengo vecinos que son buenos amigos y en numerosas ocasiones he ido a verlos a sus casas. Pero cuando la visita se acaba regreso a mi casa, la cual es mi lugar de morada. Esta es una de las más grandes promesas que el Señor hace a los creyentes:

> Habitaré y andaré entre ellos,
> Y seré su Dios,
> Y ellos serán mi pueblo (2 Corintios 6.16).

¡Qué declaración! Dios, quien creó el universo y todo lo que lo compone, expresa su intención de morar en nosotros y entre nosotros. De acuerdo con esta promesa, Pablo escribió que somos «juntamente edificados para morada de Dios en el Espíritu» (Efesios 2.22). Esta es su promesa para nosotros. Sin embargo, toda promesa bíblica es condicional. Si la condición no se cumple, la promesa se hace ineficaz, no por infidelidad de Dios sino por la nuestra. Para Dios es imposible mentir, pero no es imposible para el hombre invalidar su Palabra (véase Marcos 7.13) al no hacerle caso o tergiversarla. Esto también incluye la promesa de que Dios habite en nosotros y entre nosotros.

Pablo continúa:

> Salid de en medio de ellos, y apartaos, dice el Señor,
> Y no toquéis lo inmundo;
> Y yo os recibiré (2 Corintios 6.17).

La condición es que debemos salir del sistema del mundo. Dios dice que nos recibirá si cumplimos esta condición. Por el contrario, Dios no nos recibirá si no la cumplimos. ¿Por qué no nos recibirá? Para responder a esta pregunta debemos comprender que Dios es luz pura y en Él no se encuentra indicio de oscuridad, y esta no puede tolerar la presencia de la luz pura.

A medida que continuamos con este mensaje vemos que la luz de Dios habla de su santidad. La Biblia no dice que Él *tiene* santidad sino que *es* santo (véase Levítico 19.2). El sistema del mundo es oscuridad, y quienes están envueltos en la oscuridad no pueden soportar la luz.

Dios declara: «Santificaos, pues, y sed santos, porque yo Jehová soy vuestro Dios» (Levítico 20.7). Ser santos es rechazar la amistad con el mundo. Santiago nos lo afirma claramente en el nuevo pacto: «¿No sabéis que la amistad del mundo es enemistad contra Dios?» Y concluye: «Cualquiera, pues, que quiera ser amigo del mundo, se constituye enemigo de Dios» (Santiago 4.4).

Pedro resalta el deseo de Dios para un pueblo puro al escribir: «Sed también vosotros santos en toda vuestra manera de vivir; porque escrito está: Sed santos, porque yo soy santo» (1 Pedro 1.15-16). Ser santo no es una alternativa. Dios no morará en nosotros ni entre nosotros si no hacemos caso a su condición de separarnos personalmente del sistema del mundo. Una paráfrasis de 2 Corintios 6.17 diría:

> «Deja la corrupción y la maldad;
> hazlo por siempre», dice el Señor.

«No te vincules con aquellos que te contaminarán.
Te quiero completamente para mí».

La magnitud de las promesas de Dios de ser nuestro Padre y de morar en nosotros y entre nosotros se nos hace aun más importante al considerar con mucho cuidado la condición que Él coloca en esas promesas. Al considerar la seriedad de esta condición, Pablo afirmó: «Puesto que tenemos tales promesas, limpiémonos de toda contaminación de carne y de espíritu, perfeccionando la santidad en el temor de Dios» (2 Corintios 7.1).

Esos versículos tienen tanta importancia que de ellos se podrían escribir muchos volúmenes. Sin embargo, es limitada la comprensión de la mayoría de creyentes acerca de lo que dicen. Muchos no comprenden todo porque no entienden el contexto. Pablo está citando lo que Dios dijo a Israel en el Antiguo Testamento. Al hacerlo, también está dando a conocer que el deseo de Dios para nosotros no ha cambiado en el Nuevo Testamento. Debemos comprender las situaciones y acontecimientos que llevaron a estas declaraciones. Cuando tenemos estos antecedentes, el mensaje tiene el impacto espiritual que Él quiso darle.

Piense en una película en la que los guionistas, el director y los actores han diseñado cuidadosamente una trama que al final nos lleva a una escena culminante. Mucho ha ocurrido para llevarlo a usted a esta situación; usted queda abrumado después de ver todo el drama que lo conduce a la escena culminante. Si oye al actor hacer la misma declaración final sin haber visto antes el drama, tendría muy poco impacto, o tal vez ninguno.

Experimenté esto en mi juventud. Entré a nuestra sala de estar donde mis hermanas y mis padres veían una película. Estaban tan cautivados por la historia que no se les debía interrumpir. Ni siquiera se dieron cuenta de que yo había entrado en la habitación. Miré a la pantalla en el momento en que el actor principal declaraba lo que parecía ser una dramática afirmación. Mis hermanas comenzaron a llorar. Sin embargo tal afirmación no significaba nada para mí. Pensé: *¿De qué se trata?* Me encontraba ajeno a lo que sucedía; pero las palabras del actor les fascinaron y evocaron profunda emoción en ellos.

Aquí se aplica el mismo principio. Muchos creyentes llegan a estas palabras culminantes de la boca de Dios y no les hacen caso porque no entienden el drama que las precedieron. Para experimentar realmente el impacto de lo que Él nos está diciendo debemos comprender el argumento o el drama anterior a estas declaraciones. Para desarrollar esto se necesitan varios capítulos. Debemos comenzar yendo al libro de Éxodo.

ME DESVIARÉ PARA VER

El Éxodo comienza con los descendientes de Abraham en cautiverio. Habían estado en Egipto por cerca de cuatrocientos años. Al principio su estadía allí era ventajosa, pero con el pasar del tiempo se volvieron esclavos y eran maltratados brutalmente.

Moisés, un hombre nacido hebreo, escapó del duro trato; siendo un bebé fue llevado a la casa del faraón y se crió como su nieto. Sin embargo, cuando tenía cuarenta años, y por ser leal a su propio pueblo, se vio obligado a huir a otras tierras debido a la ira del faraón.

Cuarenta años después Dios mismo se reveló a Moisés cuando este se encontraba en pleno desierto cuidando los rebaños de su suegro. La revelación ocurrió en el Monte Sinaí, llamado Horeb y Monte de Dios. El Señor se le apareció en una llama de fuego en medio de una zarza. Cuando Moisés vio la zarza ardiendo en fuego, pero que no se consumía, dijo: «Iré yo ahora y veré esta grande visión, por qué causa la zarza no se quema. Viendo Jehová que él iba a ver, lo llamó Dios de en medio de la zarza» (Éxodo 3.3-4).

No fue sino hasta cuando Moisés se desvió para acercarse a la presencia del Señor que ocurrió algo entre Dios y él. Una vez que el Señor vio que Moisés dejaba su propio camino para acercarse a Él, lo llamó y procedió a revelárselo a través de su Palabra. Si Moisés hubiera considerado la situación como poco digna de prestarle atención, probablemente Dios habría partido sin decirle nada. En el Nuevo Testamento se nos ordena: «Acercaos a Dios, y Él se acercará a vosotros» (Santiago 4.8).

¿Quién debe acercarse primero? ¿Dios o nosotros? Él nos atrae, pero es solo cuando nos acercamos a Dios que Él se acerca a nosotros con el propósito de revelarse. De eso se trata este libro. Es más, este es el enfoque de nuestro destino.

EL PROPÓSITO DE LA LIBERACIÓN DIVINA

El Señor se reveló a Moisés y le dijo que llevara al faraón el mensaje de dejar en libertad a su pueblo. A pesar de la obstinación y fortaleza del gobernante, Dios liberó a los descendientes de Abraham con una cantidad poderosa de milagros, señales y prodigios.

La liberación israelita de la esclavitud egipcia guarda correlación en el Nuevo Testamento con nuestra liberación de la esclavitud del pecado. Egipto es una representación del sistema mundial, e Israel de la Iglesia. Cuando nacemos de nuevo, nos volvemos libres del sistema de tiranía y opresión que ofrece el mundo.

¿A dónde fue encaminado Moisés con los hijos de Israel después de ser liberados? Cuando hago esta pregunta a la congregación, por lo general las personas responden: «A la tierra prometida».

Sin embargo, eso no es cierto. Se dirigió al Monte Horeb, o Sinaí. Las palabras de Dios al faraón, a través de Moisés, fueron: «Deja ir a mi pueblo, para que me sirva en el desierto» (Véanse Éxodo 7.16; 8.1,20; 9.1,13; 10.3). ¿Por qué querría Moisés llevar al pueblo a la tierra prometida sin conocer primero al Prometedor? El Señor no desearía eso para su pueblo. Si hubieran entrado a la tierra prometida sin la revelación de Dios, habrían ingresado a un lugar de idolatría.

Esto es lo que ha sucedido en la Iglesia con muchos que han sido salvos en los últimos veinticinco años. El énfasis ha estado en comunicar las promesas y provisiones del Señor, en vez de resaltar el carácter y la naturaleza de Dios, para que el pueblo se acerque a Él. Nuestros mensajes han atraído a las personas hacia un mejor estilo de vida acompañado de seguridad eterna en vez de acercarlas a conocer y servir al Señor de gloria. Muchos ministros se cuidan de dar un mensaje positivo que atraiga multitudes. En vez de eso, renuncian a un mensaje que puede traer los cambios necesarios para encontrar a un Dios santo.

Conocer a Dios en el Sinaí cambió a Moisés, quien también sabía que el pueblo necesitaba una experiencia similar. Si no hubiera encontrado al Señor en la zarza ardiente, habría luchado por sacar al pueblo de la esclavitud y llevarlo a su propia tierra. Esto fue lo que quiso hacer de joven y que lo obligó a huir del faraón.

Muchos se salvan hoy día debido a mensajes de ministros que anuncian sus llamados en vez de proclamar la revelación de Dios. Si tenemos un llamado en nuestras vidas, pero no hemos permitido que Dios nos lleve a lo más profundo de su desierto para revelarse en persona, buscaremos liberar a las personas por motivos de libertad. Sin embargo, debemos liberar a las personas con el propósito de que lleguen ante el Creador.

Leemos en el libro de los Hechos:

> Y fue enseñado Moisés en toda la sabiduría de los egipcios; y era poderoso en sus palabras y obras. Cuando hubo cumplido la edad de cuarenta años, le vino al corazón el visitar a sus hermanos, los hijos de Israel. Y al ver a uno que era maltratado, lo defendió, e hiriendo al egipcio, vengó al oprimido. Pero él pensaba que sus hermanos comprendían que Dios les daría libertad por mano suya; mas ellos no lo habían entendido así (Hechos 7.22-25).

Moisés vio el sufrimiento y quiso calmarlo. Sabía también que fue llamado a liberar al pueblo de Dios. Lo sentía en el corazón. Sin embargo, sin la revelación divina no estaba preparado para llevar al pueblo a su destino. El liderazgo sin propósito adecuado puede ser más peligroso que la falta absoluta de liderazgo. Moisés era un líder y tenía un propósito, pero este estaba incom-

18

pleto. Sin la revelación de Dios a lo mejor pudo haber conducido al pueblo a una tierra vacía de la provisión del verdadero propósito de su libertad: conocer íntimamente a Dios. Por eso el Señor lo guió a lo profundo de su desierto, con el fin de que el corazón de Moisés se calmara de lo que el mundo le había dejado. En el desierto pudo responder deseoso a la revelación de Dios. La preparación lo capacitó para expresar: «Iré yo ahora y veré...»

Debemos comprender que no todo lo «bueno» es un ministerio verdadero. Era bueno el deseo que Moisés tenía a los cuarenta años de edad: ver a su pueblo libre. Pero ese no era un ministerio verdadero. Eva se acercó al lado «bueno» del árbol del conocimiento del bien y del mal, no al lado malo. Cuando vio que el árbol era bueno para comer, que era agradable a los ojos y codiciable para alcanzar la sabiduría, tomó de su fruto y comió (véase Génesis 3.6). Ella fue tentada a ser como Dios. Hay muchas cosas que parecen ser buenas y del Señor, pero son contra su carácter y naturaleza. Solo cuando entramos al conocimiento íntimo de Él podemos discernir realmente lo que es bueno.

OS HE TRAÍDO A MÍ

Moisés sacó al pueblo de Egipto y lo llevó a adorar a Dios en el desierto. Sin embargo, no fueron de inmediato al Sinaí. Les tomó tres meses hacer un viaje que pudieron haber hecho en diez u once días. ¿Por qué lo permitió Dios? La respuesta es sencilla y parecida a la situación con Moisés: El Señor quería darles tiempo de calmar sus corazones y así poder aceptar la revelación de Dios como lo hizo Moisés.

Cuando los israelitas llegaron al pie del Monte Sinaí, Moisés los llevó allí y subió hasta donde estaba la presencia de Dios. Entonces el Señor «lo llamó desde el monte, diciendo: Así dirás a la casa de Jacob, y anunciarás a los hijos de Israel...» (Éxodo 19.3).

Antes de leer más de lo que Dios dijo a Moisés, debo resaltar a quién estaba dirigido el mensaje. No fue a Aarón ni a sus hijos. Tampoco fue a los hijos de Leví. El mensaje de Dios fue para

19

toda la nación de Israel. Para toda persona liberada de Egipto: desde las más pequeñas tribus, familias y personas hasta las más grandes.

Escuche ahora el mensaje de Dios: «Vosotros visteis lo que hice a los egipcios, y cómo os tomé sobre alas de águilas, y os he traído a mí» (v. 4). ¡La frase «y os he traído a mí» nos dice la razón por la que usted fue creado! ¡Llevarlo ante el Señor es el motivo por el que Èl hizo todo lo posible por darle la salvación!

Vemos este motivo desde el principio de la humanidad. ¿Por qué puso Dios al hombre en el paraíso? Adán no fue creado para tener un ministerio mundial de liberación. No fue colocado en el Huerto para construir puentes o rascacielos. Fue puesto en el Edén para caminar en comunión con el Dios viviente. Fuera de esa comunión pueden emerger rascacielos o ministerios, pero ese no es el propósito de la existencia humana.

Los primeros siete años después de ser salvo, asistí a una gran iglesia, y para la cual con el tiempo trabajé, que resaltaba las promesas y provisiones divinas. Era una iglesia muy evangelística que tenía pasión por alcanzar al mundo con las buenas nuevas del evangelio. Pero el evangelio predicado allí acentuaba los beneficios del Reino en vez de resaltar la gloria de conocer a Dios. Puesto que esa congregación era muy conocida internacionalmente, la visitaban personas de todo el mundo. El celo del líder por ver que otros se salvaran era contagioso. En esa iglesia de alcance internacional, muchos tenían pasión por el ministerio, y yo seguramente era uno de ellos.

En los primeros años de asociación con esa iglesia, me levantaba cada mañana y oraba cerca de hora y media antes de ir a trabajar. Le pedía a Dios que me usara para alcanzar a los perdidos y moribundos, y para sanar enfermos. Clamaba por ir a las naciones para liberar a los cautivos. Oré fervientemente sin cesar, hasta que una mañana oí que el Señor decía a mi corazón: «John, ¡tus oraciones están equivocadas!»

Pensé: *Esa no puede ser la voz de Dios. Debe ser del enemigo*. Pero sabía que era la voz de Dios. Estaba desconcertado: «Señor, ¿cómo puedes decirme eso? Oro porque el pueblo sea salvo, sano y libre. ¡Ese es tu deseo!» Sin embargo, Él vio más allá de mis palabras. Vio cuán poco sabía yo de su verdadera naturaleza, y sin ese conocimiento Él sabía que aunque yo hubiera estado sacando a la gente de la esclavitud, tal ministerio habría llevado finalmente a mis alumnos y a mí mismo a otra esclavitud de idolatría... dentro de un ambiente de iglesia.

Dios me dijo: «John, la meta del cristianismo no es ministrar. Tú puedes echar fuera demonios, sanar enfermos y llevar personas a la salvación, y sin embargo ir a parar al infierno». Agregó: «Judas dejó su trabajo para seguirme, sanó enfermos, resucitó muertos y echó fuera demonios, y a pesar de eso está en el infierno». Estas palabras se me clavaron en el corazón.

Debemos recordar que Judas estaba en el equipo de apóstoles que salieron con poder para sanar enfermos, resucitar muertos y echar fuera demonios (véase Mateo 10.1-8).

Rápidamente pregunté: «¿Entonces cuál es la meta del cristianismo?»

Recibí de inmediato la respuesta: «¡Conocerme íntimamente!» Entonces recordé a Pablo, quien consideró todas las cosas como basura «a fin de conocerle» (véase Filipenses 3.8-10).

El Señor susurró a mi corazón: «De esa relación íntima saldrá el verdadero ministerio». Daniel lo confirmó al decir: «El pueblo que conoce a su Dios se esforzará y actuará» (Daniel 11.32).

Jesús habla de ciegos guías de ciegos (véase Mateo 15.14). Esto es cierto para todos los que buscan sacar a las personas del cautiverio, sin primero tener abiertos los ojos para ver al Señor. Por eso Pablo oraba de todo corazón para que los ojos de nuestros corazones se alumbren en el conocimiento de Dios (véase Efesios 1.18). Es en su luz que vemos (véase el Salmo 36.9). Somos ciegos si no tenemos una revelación de Él. Quienes no llegan a conocer íntimamente a Dios podrían tener buenos motivos, pero sin la revelación del Señor conducirán finalmente a otros a la misma zanja a la que ellos se dirigen.

Eso me ocurrió en mis primeros años de cristianismo. El pastor mantuvo más sus ojos en las bendiciones del pacto que en el Bendecidor. Llevó un estilo de vida muy elaborado que obtuvo de creer y actuar en el pacto de promesas divinas, pero vacío de la revelación del carácter de Dios; por eso comenzó a desviarse hacia el error. Finalmente se paró ante la congregación y afirmó que ya no quería vivir más con su esposa y madre de sus hijos. Dijo a la congregación que si no estaban de acuerdo, se podrían ir. Luego se casó con una mujer joven, enérgica y ambiciosa que también estaba en el ministerio, y que se convirtió en una gran trampa para su vida. Su iglesia disminuyó de miles a cientos, con muchos náufragos y personas alejadas de la iglesia. Finalmente se divorció otra vez y vendió el edificio de la iglesia a la ciudad.

Moisés conocía lo que transformó su vida: su encuentro y comunión íntima con el Dios viviente. Sabía hacia dónde dirigir al pueblo. No directo a las promesas sino al único que en realidad satisface. Reconoció el propósito para el que fue creado y comprendió la necesidad de encontrar el corazón de Dios que no se reveló en medio de su mano de bendiciones, sino al oír cara a cara las palabras del Señor.

CAPÍTULO 3

SACAR A EGIPTO

¡Nuestra responsabilidad como Iglesia ha sido consagrarnos durante los dos mil años pasados en prepararnos para la Venida de Cristo!

El propósito de Dios al liberar a los israelitas de la esclavitud egipcia fue llevarlos hacia sí mismo, de tal manera que pudiera morar entre ellos. Esto lo vemos en las palabras que le dio a Moisés: «Conocerán que yo soy Jehová su Dios, que los saqué de la tierra de Egipto, para habitar en medio de ellos» (Éxodo 29.46). Recuerde: Él no busca una visitación sino una habitación.

Piense ahora en las palabras de Pedro en el Nuevo Testamento (léalas con sumo cuidado): «Acercándoos a Él, piedra viva, desechada ciertamente por los hombres, mas para Dios escogida y preciosa, vosotros también, como piedras vivas, sed edificados como casa espiritual y sacerdocio santo, para ofrecer sacrificios espirituales aceptables a Dios por medio de Jesucristo» (1 Pedro 2.4-5). Dios desea un lugar de morada, al cual Pedro llama la casa espiritual del Señor. Somos bloques vivos de construcción de esta morada en la cual Dios mismo desea habitar.

Pedro vincula el sacerdocio con nuestro papel de morada divina. ¿Por qué lo hace? Como seres humanos, solamente los sacerdotes pueden acercarse a Dios sin caer en juicio. De las numerosas definiciones de un sacerdote, la única que se mantiene sobre todas es que puede acercarse a Dios para ministrarlo (véase Ezequiel 44.13,15). Acercarnos a Él seguramente es un

23

requisito para convertirnos en su lugar de morada. Debemos ser capaces de estar en su santa y majestuosa presencia.

Volviendo a 1 Pedro, leemos:

Por lo cual también contiene la Escritura: He aquí, pongo en Sion la principal piedra del ángulo, escogida, preciosa; Y el que creyere en Él, no será avergonzado. Para vosotros, pues, los que creéis, Él es precioso; pero para los que no creen, La piedra que los edificadores desecharon, Ha venido a ser la cabeza del ángulo; y: Piedra de tropiezo, y roca que hace caer, porque tropiezan en la palabra, siendo desobedientes; a lo cual fueron también destinados (1 Pedro 2.6-8).

En estos versículos hay una afirmación peculiar. Pedro dice: «El que creyere ... pero para los que no creen ... siendo desobedientes». Contrastan las palabras *creer* y *desobedecer*. Hoy día no podemos hacer eso. Normalmente la palabra *creer* no tiene nada que ver con obediencia o desobediencia. De ahí que muchos en la iglesia no realzan la obediencia. Sin embargo, en la época del Nuevo Testamento sus escritores estaban íntimamente conectados. Creer no solo significa reconocer la existencia de Dios, sino también obedecerle. En otras palabras, si usted creyó, obedeció; y la evidencia de no creer es un estilo de vida desobediente. Pablo escribe que Jesús, «habiendo sido perfeccionado, vino a ser autor de eterna salvación para todos los que le obedecen» (Hebreos 5.9).

La obediencia es un elemento crucial de salvación. Jesús mismo observa que habrá muchos que creerán en Él y lo llamarán Señor, y hasta harán milagros en su nombre, pero se les negará el acceso al Reino de Dios porque no hicieron, o no obedecieron, la voluntad de Dios (véase Mateo 7.21).

UN REAL SACERDOCIO LLAMADO A SU LUZ ADMIRABLE

Los hijos de Israel tropezaron o se quedaron cortos en su llamado; fueron desobedientes al mensaje que se les asignó. Pedro, sin embargo, continúa diciéndonos: «Mas vosotros sois linaje escogido, real sacerdocio, nación santa, pueblo adquirido por Dios, para que anunciéis las virtudes de aquel que os llamó de las tinieblas a su luz admirable» (1 Pedro 2.9).

Somos un real sacerdocio y una nación santa. Dios es el Rey; Él es la realeza. Por consiguiente, quienes se acerquen a ministrarlo deben ser sacerdotes reales, ¡porque solamente la realeza puede ministrar y tener comunión con la realeza!

Los sacerdotes de Dios han sido llamados de las tinieblas a la luz admirable del Señor, ¡no a una simple luz, sino a una luz admirable! Estamos limitados y excesivamente acostumbrados a las pocas palabras usadas en el español para describir la grandeza de Dios. *Admirable* es con seguridad una de ellas.

Estudié tres de esas palabras: *admirable, grandioso* y *maravilloso*. Casi siempre se usan en la Biblia para describir los atributos o las obras de Dios. Piense en esto: *admirable:* «que produce admiración»; *grandioso:* «superior»; *maravilloso:* «que hace maravillas». Incluso a Jesús se le llamó Admirable (véase Isaías 9.6). Sin embargo, hoy día las personas usan estas palabras para describir ocurrencias comunes. Si les gusta una película, exclaman: «Es maravillosa», o «admirable». Se impresionan con un atleta y dicen: «Es grandioso». Pues bien, cuando un predicador dice ante el público: «Dios es grandioso», las personas no tienen la capacidad de comprender lo que les dice, porque han oído la palabra una y otra vez para describir a futbolistas profesionales. ¡Oro para que el mensaje de este libro cambie eso!

Cuando Pedro dice que fuimos llamados de las tinieblas a la luz admirable de Dios, utiliza una palabra muy poderosa para comunicar lo grandioso de la naturaleza divina, porque Dios es luz absoluta y en Él no hay asomo de tinieblas. Esta gran luz habla de su gloria, que la carne humana no puede alcanzar.

Además, igual que 2 Corintios 6, no entendemos por completo el impacto de esta declaración porque no comprendemos el contexto. Volvamos a Éxodo para continuar descubriendo la amplitud de la promesa divina de morar en medio de su pueblo.

DEBEMOS LAVAR NUESTRAS ROPAS

En el capítulo anterior vimos que Moisés sacó de Egipto a los hijos de Israel, lo que hoy día es un ejemplo de nuestra liberación del mundo. De Egipto los llevó al Monte de Dios, llamado Sinaí. Los dejó al pie de la montaña y subió hacia Dios, donde oyó que Él le decía:

> Vosotros visteis lo que hice a los egipcios, y cómo os tomé sobre alas de águilas, y os he traído a mí. Ahora, pues, si diereis oído a mi voz, y guardareis mi pacto, vosotros seréis mi especial tesoro sobre todos los pueblos; porque mía es toda la tierra. Y vosotros me seréis un reino de sacerdotes, y gente santa. Estas son las palabras que dirás a los hijos de Israel (Éxodo 19.4-6).

Ahora sabemos de dónde vienen las palabras de Pedro. Originalmente fueron dichas a los hijos de Israel. Dios no habló esas palabras a Aarón y sus hijos. Tampoco las dijo solamente a la tribu de Leví. Él dijo a toda la nación, a todo hombre, mujer y niño hebreo: «Vosotros me seréis un reino de sacerdotes». ¿Se da cuenta de que Dios quiso que todos entraran a su presencia como lo hizo Moisés?

> Jehová dijo a Moisés: Ve al pueblo, y santifícalos hoy y mañana; y laven sus vestidos, y estén preparados para el día tercero, porque al tercer día Jehová descenderá a ojos de todo el pueblo sobre el Monte de Sinaí (Éxodo 9.10-11).

Debemos examinar cuidadosamente el significado de estos dos versículos. Antes que nada, este escenario es profético. No solo se aplicaba a los hebreos, sino que es además un mensaje de Dios para nosotros. El Señor le dijo a Moisés que después de dos días estaría ante el pueblo. En ese período debía consagrarlos, lo que conllevaba lavar sus vestidos.

En 2 Pedro 3.8 leemos: «Oh amados, no ignoréis esto: que para con el Señor un día es como mil años, y mil años como un día». El salmista también escribió: «Mil años delante de tus ojos son como el día de ayer, que pasó» (Salmo 90.4). Uno de los días de Dios equivale a mil de nuestros años. Por lo tanto, ¿cuánto tiempo ha pasado desde que Jesús resucitó de los muertos? La respuesta es: casi dos días; estamos en el mismísimo fin del segundo día. Los historiadores indican que resucitó alrededor del año 28 ó 29 de nuestra era. ¡Según el reloj profético del tiempo estamos muy cerca de su regreso! Vemos inmediatamente la correlación entre lo que Dios dijo a Israel y lo que nos está diciendo a nosotros. ¡Nuestra responsabilidad como Iglesia ha sido consagrarnos durante los dos mil años pasados en preparación para la Venida de Cristo!

¿Qué significa *consagrar*? Muy raramente escuchamos hoy día este término. *Consagrar* significa «santificar», y *santificar* significa «apartarse». Un buen ejemplo sería una mujer seleccionada para convertirse en la esposa de un rey. Sería llevada al palacio donde los eunucos del rey se encargarían de atenderla. La responsabilidad de estos sería prepararla para el rey. Ya no llevaría una vida normal como las demás mujeres, porque estaría consagrada, santificada o separada para el rey. Sin embargo, si ella cooperaba, la santificación sería un precio mínimo comparado con los enormes beneficios que recibiría. Con el rey disfrutaría privilegios íntimos que nadie más tendría. Todo lo que él tuviera sería de ella. A cambio, ¿qué esperaría el rey de ella? Debía ser suya, solo suya. Este ejemplo ilustra a la perfección lo que Dios quiso decir cuando manifestó: «Habéis, pues, de serme santos, porque yo Jehová soy santo, y os he apartado de los pueblos para que seáis míos» (Levítico 20.26).

Cuando Dios dijo a los hijos de Israel que se consagraran, les estaba diciendo: «Yo los liberé de Egipto. Ahora saquen a Egipto de ustedes. Esto los preparará para mi venida al comienzo del tercer día». Les declaró: «Laven sus vestidos». Sus ropas aun tenían la mugre de Egipto.

Hoy día Dios nos dice: «Yo los he librado del mundo, ¡ahora libérense del mundo! Esto los preparará para mi venida a principios del tercer milenio». Debemos limpiarnos de la suciedad del mundo al lavar nuestra ropa. Recuerde las palabras de Pablo: «Amados, puesto que tenemos tales promesas, limpiémonos de toda contaminación de carne y de espíritu, perfeccionando la santidad en el temor de Dios» (2 Corintios 7.1).

Pablo nos dice que limpiemos la ropa de nuestra carne y nuestro espíritu, de la misma manera que Moisés dijo a los hijos de Israel que lavaran sus vestidos físicos. Aquí deseo hacer una declaración muy importante: debemos lavarnos personalmente. ¡No querramos dejar esa tarea al Señor! Pablo no dice: «La sangre de Jesús nos limpiará de toda contaminación de la carne y del espíritu, así que solo cree en su amor». ¿Nos limpia la sangre de Jesús de todo pecado o contaminación? ¡Indudablemente la respuesta es sí! Sin embargo, como lo veremos en la Biblia, nosotros tenemos una parte en este proceso de limpieza.

DOS EXTREMOS ERRÓNEOS

Durante los últimos cien años hemos visto en la Iglesia dos extremos relacionados con la santificación y la santidad. El primero hace hincapié en la santidad como una condición totalmente exterior. Si una mujer se ponía maquillaje, no era santa. Si usaba sus vestidos encima de las rodillas, no era pura. Pues bien, una mujer puede usar una falda hasta los tobillos y el cabello recogido en un moño, sin maquillaje ni joyas, ¡y aun así estar agobiada con un espíritu de seducción! Un hombre se puede jactar de que nunca ha cometido adulterio o de que no se ha divorciado de su esposa, pero aun así podría mostrar lujuria ante toda mujer que pasa a su lado. Esa no es santidad. Tal extremo se enfoca exclusivamente en la carne, y la santidad no es una obra de la carne. Esta idea ha llevado al legalismo a muchas personas en la iglesia.

El segundo extremo, que se destacó más a finales del siglo veinte, es creer que no tenemos la responsabilidad de apartarnos del mundo. Según esta idea, los cristianos no somos diferentes del mundo, a excepción del hecho de que hemos sido perdonados. Hace poco un popular artista cristiano comentó: «Los creyentes acuden a los consejeros, tienen problemas familiares y se vuelven alcohólicos. La única diferencia entre creyentes e incrédulos es nuestra fe sencilla en nuestro Dios creador, quien nos ama y nos ayuda todos los días». Este razonamiento es producto de nuestras enseñanzas que nos han absuelto de la responsabilidad de limpiarnos del mundo. Pero esto va contra las enseñanzas bíblicas. Pedro nos insta: «Como aquel que os llamó es santo, sed también vosotros santos en toda vuestra manera de vivir» (1 Pedro 1.15).

La verdad yace en medio de estos dos extremos. Cuando se trata de santidad existe una cooperación entre la humanidad y la deidad. Jesús es nuestra santificación (1 Corintios 1.30). Sin embargo, «la voluntad de Dios es vuestra santificación; que os apartéis de fornicación; que cada uno de vosotros sepa tener su propia esposa en santidad y honor... Pues no nos ha llamado Dios a inmundicia, sino a santificación» (1 Tesalonicenses 4.3,7). Jesús suple la gracia de nuestra santificación, pero nosotros debemos cooperar al limpiarnos mediante el poder de esa gracia. De esta manera podemos estar en el mundo sin ser del mundo.

VIVIREMOS DELANTE DE ÉL

Dios dijo a Moisés que santificara al pueblo. Este se debía preparar porque al tercer día el Señor iba a descender a ojos de todo el pueblo sobre el Monte Sinaí. Descender a ojos de todo el pueblo fue para Dios llegar en su gloria. Oseas nos da también un programa de dos mil años con el fin de prepararnos para la gloria venidera del Señor. El profeta clamó:

> Venid y volvamos a Jehová; porque Él arrebató, y nos curará; hirió, y nos vendará. Nos dará vida después de dos días; en el tercer día nos resucitará, y viviremos delante de Él (Oseas 6.1-2).

29

Después de dos días, dos mil años, Él nos revivirá y en el tercer milenio nos resucitará para que vivamos delante de Él. Ese tercer milenio es el Reino milenial de Cristo (cuando Cristo vendrá a la tierra y reinará mil años en su cuerpo glorificado [véase Apocalipsis 20.4]). Oseas continúa diciendo acerca de esta venida:

Y conoceremos, y proseguiremos en conocer a Jehová; como el alba está dispuesta su salida (Oseas 6.3).

Su salida está dispuesta como el alba. El alba, o el amanecer, llega cada día como un tiempo dispuesto. La pregunta es: ¿Estaremos listos? Los hijos de Israel creían estarlo, pero, ¿lo estaban? Nunca antes habían visto la gloria de Dios. Vieron sus grandes señales y prodigios y les encantó su beneficio, pero, ¿sería igual la gloria de Dios? ¿Puede estar usted cómodo en la atmósfera de milagros y sin embargo no estar preparado para la gloria del Señor? Averigüémoslo.

CAPÍTULO 4

LA GLORIA DEL SEÑOR

La gloria del Señor es todo lo que hace que Él sea Dios: Todas sus características, autoridad, poder y sabiduría. Es prácticamente el peso y la magnitud inconmensurables de Dios.

Dos días quedaban entre los israelitas y la gloria de Dios. ¿Estaban preparados? ¿Tomaron en serio la advertencia de preparación, o pensaron que su aparición no sería diferente, puesto que habían visto una y otra vez la manifestación de su poder milagroso? ¿Qué más podría ser? Además, todas las manifestaciones habían sido favorables a ellos. ¿Por qué sería diferente su aparición? El tiempo lo diría. ¿Pensaría además Moisés que quizás se habían vuelto demasiado confiados con el Santo?

Pasaron dos días. El alba estaba a punto de despuntar en ese tercer día. La atmósfera parecía extrañamente tranquila. Era casi insoportable la inquietante calma antes de la llegada del Todopoderoso. La incertidumbre crecía más y más en las personas. Más que el mismo pueblo de Dios, la creación misma era consciente de aquel que estaba a punto de invadir el ambiente.

La luz del alba se disponía a salir, pero no sería un típico amanecer. De repente una nube oscura descendió de alguna parte. Su sola vista era de por sí aterradora y el fuerte sonido de una trompeta precedió su aparición. ¡Sonaba más y más fuerte! ¿Qué podría ocasionar un sonido tan intenso?

A medida que la nube descendía sobre el monte, salían de él rayos brillantes de luz y ruidosos truenos. Estos constantes

31

truenos eran diferentes a los que antes se habían oído. Estaban acompañados de relámpagos tan brillantes que el sol parecía perder su intensidad. Los hijos de Israel temblaban de miedo: «Tan terrible era lo que se veía, que Moisés dijo: Estoy espantado y temblando» (Hebreos 12.21).

A pesar de su pánico, Moisés asumió su papel de liderazgo:

Moisés sacó del campamento al pueblo para recibir a Dios; y se detuvieron al pie del monte. Todo el monte Sinaí humeaba, porque Jehová había descendido sobre él en fuego; y el humo subía como el humo de un horno, y todo el monte se estremecía en gran manera. El sonido de la bocina iba aumentando en extremo; Moisés hablaba, y Dios le respondía con voz tronante (Éxodo 19.17-19).

LA CREACIÓN REVELA SU GRANDEZA

En ese monte bajó quien diseñó y creó el universo, y quien con sus dedos colocó las estrellas en sus lugares. En Él yacen los cimientos de la tierra a través del conocimiento y la sabiduría. ¡Él es por los siglos de los siglos!

Por varios años me ha preocupado que hayamos perdido de vista la grandeza de aquel a quien servimos. Isaías habla a menudo de la grandeza y majestad de Dios. El profeta pregunta:

¿No sabéis? ¿No habéis oído? ¿Nunca os lo han dicho desde el principio? ¿No habéis sido enseñados desde que la tierra se fundó?

Isaías está desconcertado porque Israel había perdido la visión del prodigio divino y declara:

Él está sentado sobre el círculo de la tierra, cuyos moradores son como langostas; Él extiende los cielos como una cortina, los despliega como una tienda para morar ... ¿A qué, pues, me haréis semejante o me comparáreis? dice el Santo. Levantad en alto vuestros ojos, y mirad quién creó estas cosas; Él saca y cuenta su ejército; a todas llama por sus nombres; Ninguna faltará; tal es la grandeza de su fuerza, y el poder de su dominio (Isaías 40.21-26).

Con sus manos Dios creó los cielos al extender el universo como una bóveda. Además, Él es capaz de medir el universo con la palma de la mano (véase Isaías 40.12). Analice esto: ¡De su pulgar al meñique midió el ancho, el alto y la profundidad del universo!

¿Ha reflexionado usted alguna vez sobre el tamaño del universo? Está más allá de su capacidad mental. Quizás si intentáramos vislumbrar la inmensidad del universo, nos acercaríamos a la cima de la gloria de Dios. Los científicos calculan que en el universo hay miles de millones de galaxias y cada una contiene miles de millones de estrellas. El tamaño de esas galaxias es mínimo comparado con el espacio que existe entre ellas.

Nuestro sol está situado en una de esas galaxias. Cuando usted mira al cielo en la noche, no ve toda la extensión del universo. Lo que puede observar es solamente la galaxia en que vivimos, llamada Vía Láctea. Además, usted ve tan solo una parte de ella, porque la mayoría de las estrellas en nuestra diminuta galaxia están demasiado lejos para que las podamos ver a simple vista.

Así que comencemos solo con la galaxia en que vivimos. La estrella más cercana a nuestro planeta, diferente de nuestro sol, está a 4.3 años luz de distancia. Tal vez usted piense: *¿Qué es un año luz?* Es sencillamente la distancia que la luz viaja en un año. Su velocidad es 299,728 kilómetros por segundo. Eso es aproximadamente mil ochenta millones de kilómetros por hora. Comparada con la velocidad de los aviones, que vuelan a casi ochocientos kilómetros por hora. Como puede ver, ¡la luz es sumamente veloz!

Para darle una idea de cuán rápida es la luz, supongamos que usted pueda volar en un avión *jumbo* hacia el sol. Cuando vuelo hacia Asia (que en relación a donde vivo está al otro lado de la tierra) me tardo cerca de veintitrés horas. Si abordara el mismo

33

avión en un vuelo sin escalas hacia nuestro sol, ¡tardaría aproximadamente veintiún años! Piense en cuán largos son veintiún años. Piense en todo ese tiempo. Imagine ahora que los pasa todos en un avión, solo para llegar a nuestro sol. A quienes prefieren conducir un auto se tardarían casi doscientos años, sin contar las paradas para poner gasolina o descansar. ¿En cuánto tiempo viaja la luz hasta la tierra? En solo ocho minutos y veinte segundos.

Salgamos del sol y pensemos en la estrella más cercana. Ya sabemos que está a 4.3 años luz de la tierra. Si construimos a escala un modelo de la tierra, del sol y de la estrella más cercana, y hacemos nuestro planeta del tamaño de un grano de pimienta, el sol debería ser del tamaño de una pelota de veinte centímetros de diámetro. Según la magnitud de esta escala, la distancia de la tierra al sol sería de más de treinta y dos metros. Sin embargo, un avión a escala tardaría más de veintiún años en abarcar esa distancia de treinta y dos metros.

Por lo tanto, si esta es la relación entre el sol y la tierra, ¿se puede imaginar la distancia de la estrella más cercana a nuestro grano de pimienta? ¿Pensaría en mil, dos mil, o tal vez tres mil metros? Ni siquiera cerca. ¡Nuestra estrella más cercana estaría a seis mil quinientos kilómetros del grano de pimienta! Eso significa que si usted coloca el grano de pimienta en Miami, Florida, el sol estaría a treinta y dos metros, y la distancia a la estrella más cercana en nuestro modelo a escala pasaría Seattle, Washington, ¡e iría mil seiscientos kilómetros mar adentro! Para llegar a esta estrella en avión, usted tardaría aproximadamente cincuenta y un mil millones de años, ¡sin parar! Sin embargo, ¡la luz viaja desde esta estrella hasta la tierra en solo 4.3 años!

La mayoría de las estrellas que usted ve en la noche a simple vista están entre cien y mil años luz de distancia. Sin embargo, a simple vista puede ver algunas estrellas que están a cuatro mil años luz de distancia (recuerde que esas no son ni siquiera las estrellas más lejanas en nuestra diminuta galaxia). No intentaré calcular el tiempo que tardaría un avión en llegar a una de esas estrellas. Pero cuando usted mira una de las estrellas que está a cuatro mil años luz de distancia, en realidad ve la luz que salió de ella aproximadamente en la época en que Abraham se casó con Sara, y ha estado viajando a una velocidad de mil ochenta millones de kilómetros por hora, sin parar ni disminuir la velocidad... iy apenas ahora llega a la tierra!

Estas son estrellas en nuestra diminuta galaxia de la Vía Láctea. No nos hemos aventurado a los otros miles de millones de galaxias. No olvide además que el mayor espacio es entre galaxias. Por ejemplo, una galaxia muy cercana se llama Andrómeda. Su distancia de nosotros es aproximadamente de 2.3 millones de años luz. Imagínela. Con su velocidad de mil ochenta millones de kilómetros por hora, ila luz tardaría más de dos millones de años para llegar desde esa galaxia hasta la nuestra! Y esta es nuestra galaxia más cercana. Hay miles de millones de otras galaxias. ¿Nos salimos ya de nuestra capacidad de comprensión?

iIsaías declara que Dios midió este enorme universo desde su pulgar hasta su índice! El Espíritu de Dios hace afirmar a Salomón: «¿Es verdad que Dios morará sobre la tierra? He aquí que los cielos, los cielos de los cielos, no te pueden contener» (1 Reyes 8.27). ¿Se puede imaginar quién descendió en esa montaña?

¿A QUÉ ME COMPARARÉIS?

Quizás deberíamos analizar otros asuntos pequeños para Dios. Isaías afirma que el Señor pesó los montes en su propia magnitud y colocó las colinas en una balanza. Con el hueco de su mano midió las aguas de los océanos, mares, lagos, ríos y lagunas. Él fue quien ordenó a los mares que no pasaran sus límites (véase Isaías 40.12).

¿Ha pensado usted en el poder del mar? Si un meteoro de kilómetro y medio de ancho cayera en el Océano Pacífico a pocos kilómetros de Los Ángeles, California, crearía una ola suficientemente grande para matar a todas las personas y arrasar toda estructura sobre la costa occidental de Estados Unidos desde San Diego hasta Anchorage, Alaska. También atravesaría el océano y arrasaría varios países asiáticos. No obstante, la ola ni siquiera sería tan alta como profundo es el Océano Pacífico. Por tanto, ¿qué pasaría si todo el peso de las aguas del océano se desatara contra la humanidad? Hay mucho poder en los océanos del mundo, ¡sin embargo Dios pesó en el hueco de su mano hasta la última gota de toda esa agua!

LO PEQUEÑO ES MARAVILLOSO

Dios hizo espectaculares obras de gran magnitud y proporción, y sus detalles son igualmente asombrosos. Los científicos han pasado años y han gastado enormes cantidades de dinero para estudiar el funcionamiento de este mundo natural. Aun así tienen solo una pequeña porción de la sabiduría divina contenida en la creación. A pesar de eso todavía hay muchas preguntas sin respuesta.

Todas las formas de vida creada se basan en células. Estas son los bloques de construcción en plantas, animales, el cuerpo humano y cualquier otro ser vivo. El cuerpo humano, que en sí es una maravilla de ingeniería, contiene aproximadamente cien billones (100,000,000,000,000) de células (¿puede usted comprender este número?), de las cuales hay una gran variedad. Dios, en su sabiduría, diseñó estas células para que desarrollaran tareas específicas. Conforme a un programa, crecen, se multiplican y finalmente mueren.

Aunque invisibles a simple vista, las células no son las partículas más pequeñas conocidas por el hombre. Ellas consisten de numerosas estructuras más pequeñas llamadas moléculas, las cuales se componen de estructuras aun más pequeñas llamadas elementos. En estos elementos se encuentran otras estructuras todavía más pequeñas llamadas átomos.

Los átomos son tan pequeños que el punto al final de esta frase contiene más de mil millones de ellos. Sin embargo, un átomo está compuesto casi totalmente de espacio vacío. El resto del átomo se compone de protones, neutrones y electrones. Los protones y los neutrones se agrupan juntos en un núcleo minúsculo y sumamente denso en el mismo centro del átomo. Pequeñas partículas de energía llamadas electrones pasan zumbando alrededor de este núcleo a la velocidad de la luz. Estos bloques de construcción unen todas las cosas.

¿De dónde obtiene el átomo su energía? ¿Qué fuerza mantiene unidas sus partículas energéticas? Los científicos la llaman energía atómica. Este término científico describe lo que no pueden explicar. Dios dice que Él «sustenta todas las cosas con la palabra de su poder» (Hebreos 1.3). En Colosenses 1.17 leemos que «todas las cosas en Él subsisten».

Deténgase y reflexione en esto por un momento. Tenemos un glorioso Hacedor a quien ni siquiera el universo puede contener. Él mide el universo con la palma de su mano; sin embargo, su diseño de esta diminuta tierra y sus criaturas es tan detallado, que la ciencia moderna está desconcertada después de muchos años de estudio.

Por supuesto, se pueden escribir muchos libros acerca de los prodigios y la sabiduría de la creación de Dios. Esa no es mi intención aquí. Mi propósito es despertar asombro y admiración por las obras de sus manos, ¡porque ellas declaran su gran gloria!

¿QUIÉN ES ESE QUE CUESTIONA MI SABIDURÍA?

Usted puede entender ahora cómo se sintió Job después de hacer preguntas y declaraciones tontas en los oídos de Dios, quien llegó en un torbellino y le dijo:

¿Quién es ése que oscurece el consejo con palabras sin sabiduría? Ahora ciñe como varón tus lomos; yo te preguntaré, y tú me contestarás.

¿Dónde estabas tú cuando yo fundaba la tierra? Házmelo saber, si tienes inteligencia. ¿Quién ordenó sus medidas, si lo sabes? ¿O quién extendió sobre ella cordel? ¿Sobre qué están fundadas sus bases? ¿O quién puso su piedra angular? ... ¿Quién encerró con puertas el mar, cuando se derramaba saliéndose de su seno, cuando puse yo nubes por vestidura suya, y por faja su oscuridad, y establecí sobre él mi decreto, le puse puertas y cerrojo, y dije: Hasta aquí llegarás, y no pasarás adelante, y ahí parará el orgullo de tus olas?

¿Has mandado tú a la mañana en tus días? ¿Has mostrado al alba su lugar, para que ocupe los fines de la tierra, y para que sean sacudidos de ella los impíos? ... ¿Has entrado tú hasta las fuentes del mar, y has andado escudriñando el abismo? ¿Te han sido descubiertas las puertas de la muerte, y has visto las puertas de la sombra de muerte? ¿Has considerado tú hasta las anchuras de la tierra? Declara si sabes todo esto.

¿Por dónde va el camino a la habitación de la luz, y dónde está el lugar de las tinieblas, para que las lleves a sus límites, y entiendas las sendas de su casa? ... ¿Has entrado tú en los tesoros de la nieve, o has visto los tesoros del granizo, que tengo reservados para el tiempo de angustia, para el día de la guerra y de la batalla? ¿Por qué camino se reparte la luz, y se esparce el viento solano sobre la tierra?

¿Quién repartió conducto al turbión, y camino a los relámpagos y truenos, haciendo llover sobre la tierra deshabitada, sobre el desierto, donde no hay hombre? ... ¿Podrás tú atar los lazos de las Pléyades, o desatarás las ligaduras de Orión? ¿Sacarás tú a su tiempo las constelaciones de los cielos, o guiarás a la Osa Mayor con sus hijos? ¿Supiste tú las ordenanzas de los cielos? ¿Dispondrás tú de su potestad en la tierra?

¿Alzarás tú a las nubes tu voz, para que te cubra muchedumbre de aguas? ¿Enviarás tú los relámpagos, para que ellos vayan? (Job 38.2-35).

Cuando terminó de hablar, un agobiado Job exclamó:

De oídas te había oído; mas ahora mis ojos te ven. Por tanto me aborrezco, y me arrepiento en polvo y ceniza (Job 42.5-6).

Antes de los sufrimientos de Job, Dios dijo que no había nadie como él en todo el planeta y que era hombre perfecto y recto, temeroso de Dios y apartado del mal. Job no solo había oído las palabras de Dios sino que también las había enseñado a su familia y amigos. Sin embargo, cuando vio a Dios pidió misericordia porque al lado del Señor era un hombre perdido.

Isaías era un hombre fiel y piadoso, pero cuando vio al Señor en una visión, gritó: «¡Ay de mí! que soy muerto; porque soy hombre inmundo de labios» (Isaías 6.5). La gloria de Dios se revela por su gracia a nuestra necesidad total, porque sin ella estamos perdidos para siempre. Él es más grandioso de lo que podemos imaginar. Es tan grande que los ángeles que por siglos han estado cerca de su trono claman con santo temor: «¡Santo, santo, santo!» Este fue quien en su gloria descendió de la montaña ante el pueblo de Israel.

LUZ INACCESIBLE

Centrémonos ahora en la gloria del Señor. Algunos en la iglesia la han descrito como una neblina, una nube o una manifestación parecida, y los creyentes podrían afirmar: «La gloria de Dios cayó en esa reunión». Pero esta declaración limita y oscurece el consejo con palabras sin sabiduría (véase Job 38.2).

En primer lugar, la gloria de Dios no es una nube. Usted podría preguntar: «¿Por qué entonces las Escrituras mencionan una nube cada vez que se manifiesta la gloria de Dios?» El Señor debe esconderse en una nube debido a que es demasiado espléndido para ser contemplado. Si la nube no tapara su semblante, toda carne alrededor de Él se consumiría y moriría instantáneamente. Cuando Moisés pidió ver la gloria de Dios, la respuesta del Señor fue firme: «No podrás ver mi rostro; porque no me verá hombre, y vivirá» (Éxodo 33.20).

Ninguna carne mortal puede estar en la presencia del santo Señor en su gloria. Él es el fuego consumidor en el cual no hay tinieblas (véanse Hebreos 12.29; 1 Juan 1.5). Pablo escribe de Jesús: «El bienaventurado y solo Soberano, Rey de reyes, y Señor de señores, el único que tiene inmortalidad, que habita en luz inaccesible; a quien ninguno de los hombres ha visto ni puede ver» (1 Timoteo 6.15-16).

Esta luz tal vez no es como la que tenemos en esta tierra. Un amigo mío es pastor en Alabama. Él estaba hace varios años en una iglesia en construcción. Hubo un accidente y pesados materiales de construcción le cayeron encima, rompiéndole el cráneo, el cuello y la columna. Cuando llegaron los paramédicos lo declararon muerto y lo taparon.

Hace algunos años estuve con él en un campo de golf y le pedí que me contara su experiencia con Jesús. Arruiné su juego porque mientras hablábamos lloró sin parar desde el hoyo catorce hasta el dieciocho.

Mi amigo me dijo: «Juan, a la distancia vi una gran luz y viajé hacia ella rápidamente. Mientras más me acercaba, más intensa se hacía. Era demasiado fuerte y blanca para compararla con algo que pudiera describir. Era tan brillante que apenas podía estar de pie para mirar a Jesús. Debido a su intensidad no pude ver sus rasgos faciales, pero sabía que era Él.

»Lo único que yo podía ver era la luz brillante y casi inaccesible. Su santidad sobresalía sobre todo lo demás. El fuego parecía revelarla. Yo estaba consciente de que cada célula de mi ser estaba expuesta a Él. Sentí como si la luz de su ser me estuviera limpiando. Cuando su luz me limpió comencé a ver sus facciones, empezando por sus ojos. Estos eran firmes y penetrantes, pero llenos de amor».

Jesús le mostró finalmente a mi amigo que su obra no había terminado en la tierra y que debía regresar. Los paramédicos ya lo habían declarado muerto y lo habían tapado con una sábana. Cuando regresó a su cuerpo y comenzó a moverse bajo la sábana, aterrorizó a todos los que estaban en el área. Hoy día es un hombre de oración firme y profunda, que lleva una vida muy piadosa.

Pablo afirma que Jesús mora en luz inaccesible que ningún hombre ha visto ni puede ver. El salmista declara que el Señor «se cubre de luz como de vestidura» (Salmo 104.2; mi amigo pastor pudo ver al Señor porque no estaba en su cuerpo físico). Pablo experimentó una medida de esta luz inaccesible en el camino a Damasco. Así lo relató él mismo al rey Agripa: «A mediodía, oh rey, yendo por el camino, vi una luz del cielo que sobrepasaba el resplandor del sol, la cual me rodeó» (Hechos 26.13).

Pablo no vio el rostro de Jesús; solo vio la luz que emanaba de Él y que opacó la brillante luz del mediodía que suele tener el sol en el Oriente Medio. Durante doce años viví en la Florida, llamada el estado del sol. Allí nunca tuve que usar lentes. Sin embargo, cuando viajé al Oriente Medio tuve que usarlos. El sol resplandece allí mucho más debido al clima seco y desierto. No era tan fuerte a las ocho o nueve de la mañana, pero de las once hasta las dos de la tarde brillaba mucho. A pesar de eso, ¡Pablo dijo que la luz de Jesús era más resplandeciente! Hemos enseñado a nuestros hijos a no mirar directamente al sol, porque su luz es demasiado brillante como para que nuestros ojos la puedan soportar. Solo imagínese tratando de mirar al sol de mediodía donde usted vive. Es difícil mirarlo a menos que esté cubierto por una nube. La gloria del Señor excede muchas veces este brillo.

Tanto Joel como Isaías destacaron que el sol se oscurecerá cuando se revele la gloria del Señor en los postreros días:

He aquí el día de Jehová viene ... Por lo cual las estrellas de los cielos y sus luceros no darán su luz; y el sol se oscurecerá al nacer, y la luna no dará su resplandor (Isaías 13.9-10).

¿Qué vemos cuando caminamos en una noche clara? Estrellas por todas partes. Pero ¿qué pasa cuando el sol sale en la mañana? ¡No más estrellas! ¿Huyen las estrellas hasta después que el sol se oculte para luego regresar de repente en el cielo? No. La gloria de las estrellas está en un nivel, pero la gloria del sol está en un nivel mucho mayor. Cuando el sol sale oscurece a las estrellas debido a que resplandece más que ellas. Cuando regrese Jesús oscurecerá al sol debido a que su gloria es mayor que la del astro, ¡aun cuando todavía esté ardiendo! ¡Aleluya!

41

La gloria del Señor superará a todas las demás luces. Él es la luz perfecta y consumidora. Por eso en su Segunda Venida los hombres de esta tierra...

Se meterán en las cavernas de las peñas y en las aberturas de la tierra, por la presencia temible de Jehová, y por el resplandor de su majestad (Isaías 2.19).

LO QUE HACE QUE ÉL SEA DIOS

¿Qué es la gloria del Señor? Para responder veamos la petición que hizo Moisés de ver la gloria de Dios: «Te ruego que me muestres tu gloria» (Éxodo 33.18).

La palabra hebrea que aquí se traduce «gloria» es *kabod*. El diccionario Strong la define como «el peso de algo, pero solo de manera figurada en un buen sentido». Su definición también habla de esplendor, abundancia y honor. Moisés estaba preguntando: «Muéstrate a mí en tu esplendor». Lea cuidadosamente la respuesta de Dios: «Haré pasar todo mi bien delante de tu rostro, y proclamaré el nombre de Jehová delante de ti» (Éxodo 33.19).

Después que Moisés pidiera toda la gloria de Dios, el Señor se refirió a ella como «todo mi bien». La palabra hebrea para «bien» es *tuwb*, que significa «bondad en el sentido más amplio». En otras palabras, nada está oculto.

Dios agregó: «Proclamaré el nombre de Jehová delante de ti». Antes de que un rey terrenal entre en el salón del trono, el heraldo anuncia su nombre. Las trompetas suenan, y luego él entra al salón del trono en todo su esplendor. Se revela la grandeza del rey y en su corte no hay duda acerca de quién es el rey. No obstante, si este monarca estuviera usando ropas comunes y caminando sin asistentes en una calle de su reino, las personas podrían pasar a su lado sin darse cuenta de su identidad. En esencia, eso es exactamente lo que Dios hizo por Moisés. Él quiso decir: «Proclamaré mi propio nombre y pasaré ante ti con todo mi esplendor».

La gloria del Señor se revela en el rostro de Jesucristo (véase 2 Corintios 4.6). Muchos afirman haber tenido una visión de Jesús y haber visto su rostro. Esto es muy posible, pero no en toda su gloria. Pablo escribe: «Ahora vemos por espejo, oscuramente; mas entonces veremos cara a cara» (1 Corintios 13.12). Su gloria está cubierta por un espejo oscurecido, porque ningún hombre puede mirar su gloria y seguir viviendo.

Los discípulos vieron al rostro de Jesús después de que resucitara, pero Él no mostró su gloria abiertamente. Algunas personas vieron al Señor, inclusive en el Antiguo Testamento, pero Él no se reveló en su gloria. El Señor se apareció a Abraham en el encinar de Mamre, pero no en su gloria (véase Génesis 18.1-2). Jacob luchó con Dios, pero no en su gloria (véase Génesis 32.24-30).

Josué vio el rostro del Señor antes de invadir a Jericó (véase Josué 5.13-15). Se le apareció como un varón de guerra. Josué no comprendió quién era, porque preguntó: «¿Eres de los nuestros, o de nuestros enemigos?» El Señor respondió que Él era el Príncipe del ejército de Dios y que Josué se debía quitar las sandalias, porque estaba parado en tierra santa. Recuerde el ejemplo del rey que no está en su gloria, vestido con ropas comunes en una calle de su reino. Las personas podrían pasar a su lado sin darse cuenta de su identidad. Eso describe lo que le sucedió a Josué.

Lo mismo se aplica después de la resurrección. María Magdalena fue la primera persona a quien Jesús habló, sin embargo ella pensó que era el hortelano (véase Juan 20.15-16). Los discípulos desayunaron pescado junto a Jesús en la playa (véase Juan 21.9-13). Dos discípulos caminaron con Jesús en el camino a Emaús, «mas los ojos de ellos estaban velados» (Lucas 24.16). Todos ellos contemplaron su rostro porque Él no mostró abiertamente su gloria.

En contraste, el apóstol Juan vio al Señor en el Espíritu y tuvo un encuentro muy diferente al que tuvo cuando desayunó con Él en la playa, porque lo vio en su gloria. Así describió a Jesús:

Semejante al Hijo del Hombre, vestido de una ropa que llegaba hasta los pies, y ceñido por el pecho con un cinto de oro. Su cabeza y sus cabellos eran blancos como blanca lana, como nieve; sus ojos como llama de fuego; y sus pies semejantes al bronce bruñido, refulgente como en un horno, y su voz como estruendo de muchas aguas ... y su rostro era como el sol cuando resplandece con fuerza. Cuando le vi, caí como muerto a sus pies (Apocalipsis 1.13-17).

El rostro del Señor es como el sol cuando resplandece con fuerza. ¿Cómo pudo mirarlo Juan? Estaba en el Espíritu.

La gloria del Señor es lo que hace que Él sea Dios: Sus características, autoridad, poder y sabiduría. Es prácticamente el peso y la magnitud inconmensurables de Dios. ¡Nada está oculto ni sin revelar! Él fue quien descendió sobre ese monte en el tercer día.

¿Estaba preparado Israel? ¿Cómo respondió el pueblo a su gloria? ¿Estaremos preparados al final del segundo milenio? ¿Cómo responderemos a su gloria venidera?

CAPÍTULO 5

EL PASO A LA MONTAÑA

El Señor nos está llamando a su monte para que lo conozcamos íntimamente. El paso a esa montaña es santidad nacida de un corazón que teme a Dios.

Tal vez muchos de los hijos de Israel pensaron que estaban listos para la tercera mañana. Una y otra vez habían visto la obra del poder liberador de Dios en su favor. Sin embargo, no habían visto su gloria revelada. ¿Fue su respuesta como pensaron que sería?

Todo el pueblo observaba el estruendo y los relámpagos, y el sonido de la bocina, y el monte que humeaba; y viéndolo el pueblo, temblaron, y se pusieron de lejos. Y dijeron a Moisés: Habla tú con nosotros, y nosotros oiremos; pero no hable Dios con nosotros, para que no muramos (Éxodo 20.18-19).

Los hijos de Israel temblaron y retrocedieron. No querían oír la voz audible de Dios y no deseaban estar en su gloriosa presencia. Habían visto algunos de los más grandes milagros que cualquier generación ha presenciado. ¿A cuántos predicadores conoce usted que han abierto un lago, para no hablar de un mar entero? ¿Cuántos ministros oran a fin de que caiga suficiente pan para alimentar diariamente a tres millones de personas? Los expertos calculan que cada día caía suficiente maná como para llenar dos trenes de carga, ¡cada uno con 110 vagones!

45

EL REFUGIO DE SU GLORIA

Los israelitas no eran muy diferentes de nuestra iglesia moderna. En cuanto a la salvación, ellos salieron de Egipto, lo cual tipifica la experiencia del nuevo nacimiento. En cuanto a libertad, experimentaron liberación de sus opresores. A ese respecto, Dios «nos ha librado de la potestad de las tinieblas, y trasladado al reino de su amado Hijo» (Colosenses 1.13). En cuanto a milagros, experimentaron los beneficios de los milagros de Dios, como muchos de los que hoy día tenemos en la Iglesia.

¿Qué hay con la prosperidad? Experimentaron la riqueza del pecador que Dios había guardado para el justo: «Los sacó con plata y oro» (Salmo 105.37). Moisés salió de Egipto con tres millones de personas fuertes y saludables. ¿Se puede usted imaginar una ciudad de tres millones sin nadie enfermo o en el hospital? Los israelitas habían sufrido privaciones por cuatrocientos años. ¡Piense en las sanidades y milagros que se llevaron a cabo mientras comían el cordero pascual!

Para los israelitas no era desconocida la salvación, la sanidad, los milagros y el poder liberador de Dios. Celebraban con fervor dondequiera que Dios se movía milagrosamente a su favor. Danzaban y alababan a Dios como lo hacemos hoy día en la iglesia (véase Éxodo 15.1,20). Por tanto es interesante observar que se acercaron a sus manifestaciones milagrosas porque se beneficiaban de ellas, pero se asustaron y retrocedieron cuando se reveló la gloria de Dios.

¿Por qué estuvieron los israelitas tan tranquilos y hasta emocionados en la atmósfera de milagros y sin embargo tan intranquilos que retrocedieron ante la presencia de su gloria? Porque en la atmósfera de milagros podían esconder su pecado.

Muchos dirán a Jesús: «Señor, Señor, ¿no profetizamos en tu nombre, y en tu nombre echamos fuera demonios, y en tu nombre hicimos muchos milagros?» Entonces Él les declarará: «Nunca os conocí; apartaos de mí, hacedores de maldad» (Mateo 7.22-23). La multitud conocía las señales y prodigios de Dios, y algunos hasta los realizaban, pero desde el principio mantenían el pecado escondido en sus vidas. Pero nadie puede ocultar el pecado en la presencia de la gloria del Señor, porque su luz expone todas las cosas.

Jesús nos dice en el nuevo pacto:

Amigos míos, no temáis a los que matan el cuerpo, y después nada más pueden hacer. Pero os enseñaré a quién debéis temer: Temed a aquel que después de haber quitado la vida, tiene poder de echar en el infierno; sí, os digo, a este temed (Lucas 12.4-5).

¿Por qué Jesús dijo esto? La razón aparece en los versículos inmediatamente anteriores a la exhortación al temor de Dios: «Nada hay encubierto, que no haya de descubrirse; ni oculto, que no haya de saberse. Por tanto, todo lo que habéis dicho en tinieblas, a la luz se oirá» (Lucas 12.2-3). Podemos vivir con pecado encubierto alrededor de lo milagroso, ¡pero el pecado no puede vivir en la luz de su gloria revelada! Adán y Eva se escondieron de la gloria del Señor en el Huerto después de desobedecer. Hubo una época en que caminaban con Él al caer la tarde (véase Génesis 2—3). Jesús explica: «Todo aquel que hace lo malo, aborrece la luz y no viene a la luz, para que sus obras no sean reprendidas» (Juan 3.20).

Moisés instó al pueblo: «No temáis; porque para probaros vino Dios, y para que su temor esté delante de vosotros, para que no pequéis. Entonces el pueblo estuvo a lo lejos, y Moisés se acercó a la oscuridad en la cual estaba Dios» (Éxodo 20.20-21).

Usted podría estar pensando: *Moisés se acercó a la oscuridad, no a la luz.* Recuerde que Dios es tan brillante que debió esconderse en la espesa nube oscura. Moisés se acercó a la luz de Dios, mientras el pueblo se apartó de ella. El relato de Deuteronomio amplifica la respuesta del pueblo: «He aquí Jehová nuestro Dios nos ha mostrado su gloria y su grandeza, y hemos oído su voz de en medio del fuego» (Deuteronomio 5.24). ¿Puede usted imaginarse lo que habría pasado si la nube no hubiera sido espesa y oscura? El rostro del Señor es tan espectacular que lo describieron

47

como un fuego consumidor, ¡aunque Él estaba en una nube espesa y oscura!

Moisés advirtió rápidamente al pueblo: «No temáis», animándolo a regresar ante la presencia de Dios, de quien se impregnaba la verdadera vida. Les dijo que el Señor había llegado para probarlos. ¿Por qué nos prueba Dios? ¿Para ver qué hay en nosotros? No, Él ya lo sabe. Nos prueba para que sepamos qué hay en nuestros corazones. Los hijos de Israel debían reconocer si temían o no a Dios. Si temían a Dios no tendrían pecado. El pecado ocurre siempre que nos alejamos de Él.

Moisés dijo: «No temáis» y luego destacó que Dios había llegado «para que su temor esté delante» del pueblo. Mostró claramente la diferencia entre estar asustado ante Dios y temer a Dios. Moisés temía a Dios, pero el pueblo se amaba a sí mismo. ¡Tener temor de Dios es amarlo por sobre todas las cosas! Es la disposición de obedecerlo aun cuando para usted parezca más ventajoso no obedecer su Palabra. Quienes se aman a sí mismos no pueden temer a Dios. Es una verdad infalible que si no tememos a Dios, en su revelación estaremos asustados de Él y nos alejaremos. Recuerde que el pueblo se alejó de la gloria divina, pero Moisés se acercó.

El escrito del incidente en Deuteronomio se entregó años después a la generación más joven antes de su entrada en la tierra prometida. Allí se revela un aspecto que Éxodo no nos muestra. Moisés recordaba al pueblo lo sucedido cuando se manifestó la gloria de Dios en la densa nube. Las personas le suplicaron: «Acércate tú, y oye todas las cosas que dijere Jehová nuestro Dios; y tú nos dirás todo lo que Jehová nuestro Dios te dijere, y nosotros oiremos y haremos» (Deuteronomio 5.27).

El pueblo quería que Moisés oyera por ellos, y prometieron escucharlo a él y hacer todo lo que Dios dijera. Así se podrían mantener en contacto con Dios sin tener que tratar con la oscuridad o el pecado escondido en sus corazones. Las buenas intenciones no siempre producen resultados correctos, porque los israelitas lo intentaron por mil quinientos años y no les dio la capacidad de andar en los caminos de Dios.

¿Cuántos de nosotros somos como ellos? ¿Obtenemos de otros el mensaje de Dios, pero seguimos alejados del monte de Dios? ¿Estamos temerosos de escuchar su voz que deja al descubierto la condición de nuestros corazones? ¿Nos preocupa que si nos acercamos demasiado se podría revelar algo que queremos mantener en secreto? Si se va a mantener en secreto, no tendremos que confrontarlo, y no queremos confrontar lo que aun es placentero.

LA HORA MÁS SOMBRÍA

Moisés estaba desilusionado con la respuesta del pueblo. No podía comprender su falta de anhelo por la presencia de Dios. ¿Cómo podían ser tan tontos y tan ciegos? ¿Por qué todos se negaron a tener una audiencia con el Dios viviente?

Moisés llevó su profunda preocupación ante el Señor en espera de una solución. Pero lea el resultado entre él y Dios cuando dijo: «Oyó Jehová la voz de vuestras palabras cuando me hablabais, y me dijo Jehová: He oído la voz de las palabras de este pueblo, que ellos te han hablado; bien está todo lo que han dicho» (Deuteronomio 5.28).

Moisés se debió sorprender ante la respuesta de Dios. Probablemente pensó: *¿Qué? ¿Que tienen la razón? ¡Por primera vez estos individuos tienen realmente la razón!* Quizás de corazón clamó a Dios: «¿Por qué no pueden ellos llegar ante tu presencia como lo has deseado para ellos?» Antes de que hubiera terminado, Dios respondió, y podemos oír la tristeza en sus palabras: «¡Quién diera que tuviesen tal corazón, que me temiesen y guardasen todos los días todos mis mandamientos, para que a ellos y a sus hijos les fuese bien para siempre!» (Deuteronomio 5.29).

El Señor quería que los hijos de Israel llegaran ante su monte santo para que lo contemplaran a Él. Quería revelárseles personalmente, pero les faltaba lo indispensable para permanecer en su presencia: temor santo. Ahora podemos entender muy bien la tristeza de Dios cuando dijo a Moisés: «Ve y diles: Volveos a vuestras tiendas» (Deuteronomio 5.30).

¡Total desilusión! Esa fue la hora más sombría de los israelitas. Muchos piensan que tuvieron su hora más sombría cuando recibieron un informe negativo que los alejaba de la tierra prometida o cuando construyeron el becerro de oro. No, mi amigo, esta fue su hora más sombría. Si hubieran santificado sus corazones, habrían podido entrar a su gloriosa presencia. Entonces nunca habría ocurrido lo del becerro de oro ni lo del informe negativo que los mantuvo lejos de la tierra prometida.

Esto aun es cierto. La hora más sombría de un hombre no es cuando se acuesta con una mujer que no es su esposa o le roba dinero a su jefe. Es cuando rechaza la invitación del Señor de apartarse de los deseos del mundo y tener comunión en el trono del Rey. Si se hubiera acercado, ¡lo otro no habría sucedido!

La hora más sombría para un joven no llega cuando se emborracha o se droga. Tampoco cuando lo arrestan por robar. Le llega cuando Dios lo invita a que se acerque, pero la popularidad de sus amigos invalida la invitación del Rey. En apariencia no es tan sombrío, sin embargo todos los cielos se entristecen cuando se hace caso omiso a un llamado de Dios.

El Señor dijo a los hijos de Israel que volvieran a sus tiendas, pero le manifestó al hombre que tenía temor de Él: «Tú quédate aquí conmigo, y te diré» (Deuteronomio 5.31).

Moisés podía acercarse al Señor y oír sus palabras por su temor de Dios. Los demás también podrían haber estado allí si se hubieran limpiado de la suciedad de Egipto en el temor del Señor. Más tarde Moisés les dijo: «Cara a cara habló Jehová con vosotros en el monte de en medio del fuego. Yo estaba entonces entre Jehová y vosotros, para declararos la palabra de Jehová; porque, vosotros tuvisteis temor del fuego, y no subisteis al monte» (Deuteronomio 5.4-5).

Los israelitas no creían que la luz de la gloria divina expondría sus corazones, por tanto retrocedieron a un lugar donde se sintieron seguros. Si se hubieran acercado, la luz de Dios solo habría sanado lo expuesto, pero ellos prefirieron su situación y no quisieron cambiar.

Retrocedamos y veamos el panorama total desde la perspectiva de Dios. El Señor hizo todo lo posible, con señales, maravillas y prodigios para sacar a su pueblo de la esclavitud. Las Escrituras informan que lo hizo con mano firme y brazo extendido. Con cuidado los dirigió y preparó para su propósito definitivo, llevarlos ante sí mismo. Expresó a cada uno de ellos que su deseo era que fueran sacerdotes ante Él, que Él moraría entre ellos, sería su Dios y ellos serían su pueblo. ¡Qué aventura planeó para ellos! Sin embargo, ¡huyeron cuando los llevó hacia sí!

¿Cuándo se convirtió Dios en Padre? ¿Cuándo nació Jesús? ¡No! Él siempre tuvo un corazón de Padre. ¿Se puede usted imaginar cómo se sintió su corazón cuando llevó cuidadosamente al pueblo hacia sí para revelársele en persona y el pueblo salió corriendo? ¡Estaba desgarrado!

UN VISTAZO DE GLORIA

Ahora que hemos aprendido del informe en Deuteronomio por qué se apartó el pueblo, retrocedamos hasta la escena en que Dios descendió del monte. Una vez que las personas se habían alejado, Dios decidió comenzar un sacerdocio. Seleccionaría un hombre que pudiera llegar hasta su gloriosa presencia en representación del pueblo. Escogió a Aarón como ese sacerdote. Una vez escogido Aarón, Dios dijo a Moisés: «Ve, desciende, y subirás tú, y Aarón contigo» (Éxodo 19.24).

No obstante, Aarón no se acercó a la presencia del Señor. En vez de eso se quedó con el pueblo, a lo lejos (véase Éxodo 20.21).

Otra vez llegó Dios hasta Moisés y le dijo: «Sube ante Jehová, tú, y Aarón, Nadab, y Abiú, y setenta de los ancianos de Israel; y os inclinaréis desde lejos. Pero Moisés solo se acercará a Jehová; y ellos no se acerquen, ni suba el pueblo con él» (Éxodo 24.1-2).

Dios invitó a Aarón, a sus hijos y a los ancianos de Israel, uno de los cuales era Josué. No pidió a Aarón que subiera hasta la cima sino que debía ir a un lugar del monte sobre el campamento. Él ya se había alejado una vez porque no temía a Dios;

51

solo pudo adorar desde lejos. Hoy día hay muchos que adoran desde lejos al Señor porque así es seguro. Evitan santificar sus corazones, pero así satisfacen su necesidad interior de adorar a Dios.

En la adoración de los hombres vieron al Dios de Israel: «Había debajo de sus pies como un embaldosado de zafiro, semejante al cielo cuando está sereno» (Éxodo 24.10). El comentario de Matthew Henry afirma lo que en realidad creo que sucedió:

> Vieron al Dios de Israel (v. 10), es decir, tuvieron un vistazo de su gloria, en luz y fuego, aunque no vieron forma alguna de similitud. Vieron el lugar donde estaba parado el Dios de Israel, algo que podía ser una similitud, pero no la era; cualquier cosa que vieron, fue seguramente algo de lo que no se podía hacer imagen, y sin embargo suficiente para satisfacerles la verdad de que Dios estaba con ellos.

Los hombres tuvieron un vislumbre, pero no se les permitió entrar a su gloriosa presencia. Dios invitó a Moisés: «Sube a mí al monte, y espera allá» (Éxodo 24.12).

Cómo me encanta lo que Dios dijo a Moisés. Este es el lugar secreto donde revela sus más íntimos pensamientos y sus caminos. Es el lugar donde se encuentran sus tesoros. Isaías nos anuncia:

> Será exaltado Jehová, el cual mora en las alturas... Y reinarán en tus tiempos la sabiduría y la ciencia, y abundancia de salvación; el temor de Jehová será su tesoro (Isaías 33.5-6).

Una clave desata el tesoro de conocer a Dios. En el Salmo 103.7 leemos: «Sus caminos notificó a Moisés, y a los hijos de Israel sus obras». Moisés conocía los caminos de Dios; los aprendió en el monte. El resto del pueblo solo podía conocer de Dios por los milagros que había hecho en sus vidas. ¿Cuántos conocen hoy de Dios solo por los milagros que Él ha hecho en sus vidas? Quizás experimentaron sanidad en sus cuerpos, satisfacción de sus necesidades, logros económicos u otras peticiones respondidas. Esas personas no han ido al monte para aprender sus caminos porque aun desean lo que este mundo puede darles. No temen a Dios.

El Señor nos está llamando a su monte para que lo conozcamos íntimamente. El paso a la montaña es santidad nacida de un corazón que teme a Dios. Él nos dice claramente: «La comunión íntima de Jehová es con los que le temen» (Salmos 25.14).

CAPÍTULO 6

UNA DEIDAD MANEJABLE

Usted cambia si va al monte. Si permanece ante él, como lo hizo Aarón, cambia la imagen de Dios en usted.

¿Qué sucede cuando el pueblo al que Dios ha liberado del mundo aprende a vivir satisfecho, estando separado de la divina presencia? En este capítulo descubriremos el trágico resultado.

ESPEREN AQUÍ HASTA QUE VOLVAMOS

Dios envió al pueblo de regreso a sus tiendas en el campamento situado al pie del monte. Moisés, Aarón y los setenta ancianos subieron hasta cierto punto para adorar desde lejos. Después de un tiempo de adoración, Dios le dijo solo a Moisés que se acercara a la cima donde Él estaba. Moisés escogió a Josué para que subiera un poco más con él, pero dio una orden concisa a Aarón y al resto de los ancianos: «Esperadnos aquí hasta que volvamos a vosotros» (Éxodo 24.14). Entonces Moisés subió a la cima del monte en medio de la nube y estuvo allí cuarenta días y cuarenta noches. Josué esperó en alguna parte entre la posición de los ancianos y la cumbre donde estaba Moisés. El pueblo estaba abajo en el campamento al pie de la montaña.

Como vimos antes, se le pidió originalmente a Aarón que subiera con Moisés. ¿Por qué no lo hizo? Porque se encontraba más cómodo en presencia del pueblo que en la presencia divina. ¿Cómo lo sé? Por su continuo alejarse de la gloria de Dios. La siguiente ocasión que se le nombra, que fue mientras Moisés estuvo en el monte por espacio de cuarenta días, Aarón había regresado al campamento. ¿Cuántos hacen lo mismo hoy día?

CAMBIO EN LA IMAGEN DE DIOS

Podemos ver en la vida de Aarón lo que sucede cuando alguien, que ha sido liberado del mundo por el poder de Dios, decide no caminar en su presencia. Veamos el desarrollo de la trágica historia.

> Viendo el pueblo que Moisés tardaba en descender del monte, se acercaron entonces a Aarón, y le dijeron: Levántate, haznos dioses que vayan delante de nosotros; porque a este Moisés, el varón que nos sacó de la tierra de Egipto, no sabemos qué le haya acontecido (Éxodo 32.1).

Moisés estuvo en el monte por algún tiempo. No había ninguna actividad al pie de la montaña, por tanto los israelitas hicieron lo que siempre hacen las personas religiosas cuando no tienen a Dios: se reúnen. Aunque estas reuniones se hacen en el nombre del Señor, siempre ocasionan lo que va contra el mismísimo corazón de Dios, como veremos seguidamente.

El pueblo se acercó a Aarón, quien se suponía que inicialmente iría a la cima con Moisés, pero que no fue. Debía permanecer en un lugar previamente señalado y esperar por Moisés, pero tampoco lo hizo. ¿Por qué las personas se sintieron atraídas por tal clase de individuo? ¡Porque les iba a dar lo que querían!

Aarón tenía un don de liderazgo. Este es un don de Dios (véase Romanos 12.8). Conlleva ciertas cualidades, una de ellas es que atrae a las personas como un imán. ¡Las atraerá sin que importe si el hombre con liderazgo haya permanecido o no en el monte! ¡Esto explica cómo un hombre puede tener una iglesia de cinco mil personas sin que Dios se le haya presentado! Utiliza los dones dados por Dios para cumplir los deseos de las personas y no los de Dios. No ha estado en el monte para oír de Dios, y a pesar de esto tiene muchos seguidores como resultado del don. Esto es algo que hace pensar, ¿no es así?

Con insistencia los hijos de Israel pidieron a Aarón: «Levántate, haznos dioses que vayan delante de nosotros; porque a este Moisés, el varón que nos sacó de la tierra de Egipto, no sabemos qué le haya acontecido». No dijeron: «Pide a Dios, no sabemos qué le ha acontecido». Querían descalificar o desacreditar a Moisés.

Al estudiar en el lenguaje original lo que las personas dijeron, a veces pienso que los traductores se pusieron un poco nerviosos por el verdadero significado y usaron la palabra española *dioses*. La palabra hebrea que aquí se traduce «dioses» es *elohim*, que se encuentra casi 2.250 veces en el Antiguo Testamento. Más o menos dos mil de ellas se refieren al Dios todopoderoso a quien servimos. Treinta y dos veces se encuentra en Génesis 1. Por ejemplo, el primer versículo dice: «En el principio creó Dios *(elohim)* los cielos y la tierra». Aquí *elohim* se tradujo «Dios», y todas las otras veces que «Dios» aparece en este capítulo, se trata de la palabra *elohim*.

Aproximadamente 250 veces en el Antiguo Testamento se usó *elohim* para describir un falso dios. Siempre debemos leer en el contexto para comprender la referencia.

Aarón dijo a los israelitas: «Apartad los zarcillos de oro que están en las orejas de vuestras mujeres, de vuestros hijos y de vuestras hijas, y traédmelos» (Éxodo 32.2). Entonces apartaron sus aretes y los llevaron a Aarón «y él los tomó de las manos de ellos, y le dio forma con buril, e hizo de ello un becerro de fundición» (v. 4).

Una vez que a este oro se le diera forma de becerro, el pueblo celebró: «Israel, estos son tus dioses, que te sacaron de la tierra de Egipto» (v. 4). La palabra hebrea que aquí se traduce «dioses» es otra vez *elohim*. Tal vez usted comienza a ver lo que sucede.

«Viendo esto Aarón, edificó un altar delante del becerro; y pregonó Aarón, y dijo: Mañana será fiesta para Jehová» (v. 5). La palabra usada aquí para Jehová es *Yehovah* o *Yahveh*. *Yahveh*, la palabra más sagrada en el Antiguo Testamento, es el nombre propio del único y verdadero Dios. Nunca se utiliza para describir o dar un nombre a un falso dios. La palabra era tan sagrada que los escribas hebreos no la escribían. Sacaban las vocales y escribían YHWH. A este se le ha conocido como el tetragrámaton, las cuatro letras impronunciables. Era el nombre inmencionable, el nombre santo protegido de la blasfemia en la vida de Israel.

En esencia, Aarón y los hijos de Israel hicieron un becerro de oro, señalaron hacia él y dijeron: «¡He aquí Yahveh! ¡El único y verdadero Dios, quien nos sacó de la tierra de Egipto!» No le atribuyeron su liberación a ningún falso dios. Llamaron a ese becerro con el nombre del Señor, reduciendo su gloria al nivel de la imagen de un becerro de oro. Reconocieron que Yahveh los salvó y los liberó de Egipto; no negaron su poder sanador. ¡Redujeron su gloria!

¡SALIÓ ESTE BECERRO!

Mientras tanto, Moisés estaba con Dios en el monte, ignorando las actividades del pueblo. El Señor le ordenó: «Anda, desciende, porque tu pueblo que sacaste de la tierra de Egipto se ha corrompido» (Éxodo 32.7). En ese momento la ira de Dios se había encendido. Los llamó «tu pueblo» y no «mi pueblo».

El Señor dijo que el pueblo «se había corrompido». Lo *corrompido* significa «descompuesto». Cuando jugamos a la iglesia al pie del monte de Dios, finalmente nos descomponemos, porque todo lo que se distancia del corazón del Señor se deteriorará con el tiempo.

Dios dijo más tarde a Israel:

Dos males ha hecho mi pueblo: me dejaron a mí, fuente de agua viva, y cavaron para sí cisternas, cisternas rotas que no retienen agua (Jeremías 2.13).

Dios es la fuente de la vida. Resbalaremos de nuevo si tratamos de conservar lo que Él nos dio en el pasado y de jugar a la iglesia en un lugar lejano a su corazón. De ahí el hincapié de Jesús: «Si alguno quiere venir en pos de mí, niéguese a sí mismo, tome su cruz cada día, y sígame» (Lucas 9.23). ¡Cada día debemos acercarnos al monte de Dios!

Moisés bajó de la montaña. Se encendió en ira cuando entró al campamento y vio el becerro. Le preguntó a Aarón: «¿Qué te ha hecho este pueblo, que has traído sobre él tan gran pecado?»

Aarón se defendió: «No se enoje mi señor; tú conoces al pueblo, que es inclinado a mal. Porque me dijeron: Haznos dioses que vayan delante de nosotros; porque a este Moisés, el varón que nos sacó de la tierra de Egipto, no sabemos qué le haya acontecido. Y yo les respondí: ¿Quién tiene oro? Apartadlo. Y me lo dieron, y lo eché en el fuego, y salió este becerro» (Éxodo 32.21-24).

«¡Salió este becerro!». ¿Puede usted creer que Aarón haya dicho eso? ¡Antes leímos que formó el ídolo con un buril! Mintió. Una cosa es mentir cuando Dios no está enojado, pero otra cosa es mentir cuando Él está encendido en ira.

Oré en relación con esto: «Señor, no es que yo quiera ver juzgado a este hombre o algo parecido, pero no comprendo. ¿Cómo se libró este manifiesto mentiroso de que la tierra se abriera y lo tragara? Parece que no hiciste nada respecto a su mentira».

La respuesta de Dios impactó mi vida en gran manera y dio luz a la visión de este libro. Abrió una nueva y total comprensión de lo que ha estado pasando en la iglesia de hoy. Dios dijo: «John, Aarón no fue a la cima del monte. No vigiló ni permaneció conmigo como lo hizo Moisés. Por consiguiente, su imagen interior de mí estaba formada por la sociedad en la que creció. Y eso fue lo que salió de él».

Aarón había pasado en Egipto toda su vida, cerca de ochenta años. Allí se crió; sus padres nacieron y murieron allí. Estaba rodeado por la cultura egipcia, y Egipto tenía muchos objetos de adoración. Puesto que Aarón no subió al monte, no estuvo en comunión íntima con Dios, ni lo contempló como hizo Moisés, la imagen de Yahveh estaba formada por la sociedad en que creció. Aarón miró al Señor desde lejos y vio sus pies. Pero no entró en su presencia, como lo hizo Moisés.

Jesús habla de «ver» el Reino y «entrar» al Reino (véase Juan 3.3,5). Debemos nacer de nuevo, que es liberarse del mundo, para ver el Reino. Pero no debemos detenernos allí; estamos llamados a entrar. Pablo dijo a hombres y mujeres que ya eran salvos en las ciudades de Listra, Iconio y Antioquía: «Era necesario que a través de muchas tribulaciones entremos en el reino de Dios» (Hechos 14.21-22). El Señor prepara a las personas ya salvas para lo que enfrentarán al entrar en el Reino.

Aarón fue liberado de Egipto, que es un prototipo de haber nacido de nuevo, pero no conoció íntimamente a Dios. Jugó a la iglesia al pie del monte, lo que dio como resultado que la imagen de Dios se redujera a lo que había absorbido de su entorno.

¿UN JESÚS DIFERENTE?

Pablo hace esta declaración en el Nuevo Testamento:

> Las cosas invisibles de Él, su eterno poder y deidad, se hacen claramente visibles desde la creación del mundo, siendo entendidas por medio de las cosas hechas, de modo que no tienen excusa. Pues habiendo conocido a Dios, no le glorificaron como a Dios, ni le dieron gracias (Romanos 1.20-21).

No lo glorificaron como Dios. En otras palabras, lo conocieron pero no le dieron la honra que Él merecía. Los israelitas reconocieron la liberación de Yahveh, pero no le dieron la honra, reverencia o gloria de la que es digno. Pues bien, las cosas no cambian mucho. Pablo continúa diciendo de las personas en el Nuevo Testamento:

> Cambiaron la gloria del Dios incorruptible en semejanza de imagen de hombre corruptible, de aves, de cuadrúpedos y de reptiles (v. 23).

La gloriosa imagen del único y verdadero Dios está reducida a imágenes de insectos, aves, animales y hombres mortales. ¿Adora nuestra sociedad occidental aves, animales cuadrúpedos o cosas que se arrastran? Absolutamente no. Si creáramos una imagen de un becerro de oro y lo colocáramos en el jardín, se reirían de nosotros y nos dirían: «¡Derrítelo, haz joyas con él y véndelas!»

¿Qué adora nuestra sociedad? La respuesta es el yo, ¡el cual es hombre corruptible! Israel estaba rodeado por una sociedad que adoraba imágenes doradas de animales e insectos. La iglesia de los tiempos modernos está rodeada por una cultura que adora el yo u hombre corruptible. Cuando Aarón y el pueblo se alejaron de la gloriosa presencia de Dios en el monte, la imagen que tuvieron del Señor fue formada por lo que Egipto adoraba: imágenes de animales. Hoy día, cuando los creyentes se alejan del monte divino, su imagen de Dios se forma por lo que nuestra sociedad adora: el yo u hombre corruptible.

Por varios años he tenido en la mente un pensamiento que no me he podido quitar: hemos servido a Jesús en la imagen que nos hemos hecho. Lo llamamos Señor; reconocemos su poder salvador, sanador y liberador. Sin embargo, ¿es Él quien está sentado en lo alto a la derecha del Padre, o es un Jesús que hemos hecho más a la imagen de nosotros mismos y todavía llamamos Señor?

UNA DEIDAD MANEJABLE

La idolatría es una forma muy conveniente de adoración. Un ídolo da a sus creadores lo que ellos quieren: los dictados de sus propios corazones, puesto que ellos lo crearon. Sin embargo, satisface la innata necesidad de adorar a un ser superior. Si los creadores del ídolo son apasionados por los placeres sexuales, entonces su ídolo les dictará ordenanzas que gratificarán esos deseos. El Señor aclaró esto muy bien cuando dijo por intermedio de Isaías: «¿Quién formó un dios, o quién fundió una imagen que para nada es de provecho?» (Isaías 44.10).

Consideremos este motivo en términos de lo que Israel hizo al regresar al punto en que Aarón creó el becerro de oro. Él y el pueblo lo consideraron como la imagen de Yahveh, quien los sacó de Egipto. «Al día siguiente madrugaron, y ofrecieron holocaustos, y presentaron ofrendas de paz; y se sentó el pueblo a comer y a beber, y se levantó a regocijarse» (Éxodo 32.6).

Al día siguiente fueron al culto de su iglesia frente al monte de Dios. Profesaron el amor y la grandeza de Yahveh. Dieron sus ofrendas, entonaron sus cánticos y predicaron sus sermones. Su Yahveh les dio un mensaje que les encantó oír, puesto que gratificaba sus deseos. Se sentaron a comer y a beber, y después se levantaron a regocijarse. Este regocijo era el contentamiento de su propia carne. Cuando Moisés llegó hasta ellos, ya estaban desenfrenados (Éxodo 32.25).

Esta escena nos da mayor discernimiento hacia la raíz de la idolatría. Idolatría es rebelión, y la Palabra de Dios afirma: «Como pecado de adivinación es la rebelión, y como ídolos e idolatría la obstinación» (1 Samuel 15.23).

Todo lo que debían hacer los egipcios era construir un becerro y ponerle algún nombre. Esto les daba lo que sabían de corazón que era contra los deseos del Creador. (Todos los hombres conocen los deseos de Dios, porque Pablo dijo: «La ira de Dios se revela desde el cielo contra toda impiedad e injusticia de los hombres que detienen con injusticia la verdad; porque lo que de Dios se conoce les es manifiesto, pues Dios se lo manifestó» [Romanos 1.18-19].)

Este concepto básico es el mismo para los israelitas que salieron de Egipto, pero debemos hacer una leve modificación. El israelita conocía el nombre de Yahveh y ya había sido tocado por su poder. Si no quería renunciar a sus caminos rebeldes (para conformarse a los caminos del Señor) entonces una manera de satisfacer su conciencia y sus apetitos era crear una imagen representativa de Yahveh que le diera lo que deseaba. Esto se hizo de manera muy sutil, sin ser consciente de ello.

Pablo advirtió a la iglesia en Corinto:

Temo que como la serpiente con su astucia engañó a Eva, vuestros sentidos sean de alguna manera extraviados de la sincera fidelidad a Cristo. Porque si viene alguno predicando a otro Jesús que el que os hemos predicado, o si recibís otro espíritu que el que habéis recibido, y otro evangelio que el que habéis aceptado, bien lo toleráis (2 Corintios 11.3-4).

Una paráfrasis del versículo 4 dice: «Me parece que si cualquiera va y les predica un Cristo distinto del que les he enseñado, o un espíritu diferente del Espíritu Santo que recibieron, o les muestra una manera diferente de alcanzar la salvación, lo creerían».

Si todavía anhelamos un estilo de vida mundano, el cual es contra el fluir de la autoridad de Dios, podríamos tenerlo al servir de manera subconsciente a «nuestro Jesús», cuya voluntad está de acuerdo con nuestros propios deseos. ¡Inconscientemente hemos hecho un dios manejable! Este es un sutil engaño, no una mentira descarada.

En nuestro engaño nos consolamos diciendo: «Jesús es mi amigo», o «Dios conoce mi corazón». Es verdad que Dios entiende nuestros corazones aun más a fondo de lo que podemos entender nosotros mismos. Sin embargo, generalmente hacemos este comentario para justificar acciones que contradicen el pacto de Dios. Lo cierto es que eso es rebeldía. Nuestros labios todavía honran al Señor, pero nuestro miedo hacia Él es enseñado por mandamiento de hombres: «Dice, pues, el Señor: Porque este pueblo se acerca a mí con su boca, y con sus labios me honra, pero su corazón está lejos de mí, y su temor de mí no es más que un mandamiento de hombre que les ha sido enseñado» (Isaías 29.13).

Filtramos la Palabra de Dios y sus mandamientos a través de nuestro pensamiento culturalmente influido. Nuestra imagen de su gloria se forma por nuestras percepciones limitadas, en vez de formarse por su verdadera imagen revelada mediante su Palabra viva en el monte.

UN CONTRASTE AGUDO ENTRE DOS PERSONAS EN LA IGLESIA

Paso a dar un par de ejemplos: Una mujer me llamó para confesar que había tenido una relación de adulterio físico con un hombre de la iglesia. Su esposo no era cristiano y la maltrataba verbalmente (no físicamente) por su fe. En otras palabras, la perseguía.

Ella y el otro hombre suspendieron su relación física. Sus «amigas cristianas» le aconsejaron que se divorciara de su marido y se casara con este buen hombre cristiano que la amaba, porque Dios la llamaba a tener paz. Mi pregunta es: ¿A qué «Jesús» servían estas amigas? Seguramente no a aquel sentado a la derecha del Padre. La imagen que ellas tenían de Jesús se había moldeado por la sociedad, porque la sociedad está saturada de divorcio. La mayoría de los divorciados no planearon su divorcio. Querían una vida feliz basada en sus intereses egoístas. El pacto que hicieron con sus cónyuges importa solo mientras no interfiera con su felicidad.

La mujer pidió mi opinión acerca de su situación. En realidad estaba buscando permiso de un líder para finalizar la decisión que ya estaba aceptando. Su esposo no había sido moralmente infiel; le dije que Dios odia el divorcio porque rompe los espíritus de las personas y las cubre de iniquidad (véase Malaquías 2.16). Según el Nuevo Testamento, el Señor manda a una esposa a no separarse del esposo, y si lo hace, a que no se case de nuevo (véase 1 Corintios 7.10-11). La mujer me escuchó mentalmente, pero después me contaron que se había divorciado de su esposo y se había casado con el otro hombre. Tal vez era feliz, ¡como lo fue el pueblo al pie de la montaña hasta que bajó Moisés!

Por otra parte, he conocido muchas mujeres temerosas de Dios que permanecieron casadas con hombres incrédulos, porque ellas tenían el corazón de Dios. No buscaban placeres; buscaban servir. Muchos de los esposos finalmente fueron salvos debido a la piadosa manera de vivir de sus esposas. Algunos, podría agregar, fueron salvos después de años de oración de sus esposas y de sus testimonios vivos delante de ellos.

Una situación diferente involucró a otra mujer que irradiaba el carácter de Dios. Después de haber estado casada por varios años descubrió que su esposo era homosexual. Por diez años llevó una vida insoportablemente dura. Él fue arrestado una vez por solicitar sexo a un policía encubierto; su hijo mayor recibió la llamada telefónica en que le informaban que su padre estaba preso.

La mujer oraba constantemente por su esposo. Cuando el camino parecía muy difícil, le preguntó al Señor si podía divorciarse. Dios le contestó: «Tienes bases bíblicas para divorciarte, y si decides hacerlo, te bendeciré. Pero si soportas y luchas por él en oración, yo lo libraré y tú serás doblemente bendecida». (No siempre Dios diría esto en una situación de infidelidad moral.) Ella decidió soportar y luchar, y le llevó algún tiempo. Su marido fue gloriosamente liberado y ha permanecido libre por quince años. Él es ahora un compasivo pastor principal. He orado por ellos, y debo decir que ella es una de las mujeres más piadosas que he conocido.

¿Qué mujer fue al monte para ser transformada? La primera se divorció de su esposo al creer que Jesús quería que tuviera paz, aunque la Palabra de Dios le mostraba claramente la voluntad divina de que debía permanecer con su marido. La otra en realidad tenía bases bíblicas para divorciarse, pero decidió renunciar a sus derechos para pelear por la vida de su esposo. ¡Jesús renunció a sus derechos al venir a esta tierra y morir por nosotros! ¿Cuál mujer tenía más el pulso de Dios? ¿Por qué? ¡Porque había estado en el monte santo!

En la vida de un creyente ocurrirá una de dos situaciones: estará conformado o ajustado a la imagen de Jesús al permitir que sea cambiado por la Palabra de Dios hablada en la presencia del Señor, o conformará a Jesús en la imagen que dicte su corazón. Usted cambia si va al monte de Dios. Si permanece al pie de este, como lo hizo Aarón, cambia la imagen de Dios en usted.

Moisés había cambiado y su rostro brillaba cuando bajó del monte después de cuarenta días con Dios: «Aconteció que descendiendo Moisés del monte Sinaí con las dos tablas del testimonio en su mano, al descender del monte, no sabía Moisés que la piel de su rostro resplandecía, después que hubo hablado con Dios» (Éxodo 34.29).

La mujer que se mantuvo con su marido no está consciente de su pureza. Cada vez que le hablo revela cómo Dios está tratando con ella en relación al cambio. Ella no comprende lo radiante que está. Esto es cierto para todos los que caminan verdaderamente en santidad. Las Escrituras afirman: «Los que miraron a Él fueron alumbrados» (Salmo 34.5). Aquellos que pueden mirar a Dios son los que han extirpado de sus corazones los deseos de Egipto. Tienen ahora el deseo de conocer al Señor de gloria. Por tanto, debemos confrontarnos personalmente con la importante pregunta: ¿Está el Jesús a quien servimos sentado en lo alto a la diestra de la Majestad, o es otro Jesús que ha sido formado por los caminos y deseos de la sociedad en que vivimos?

CAPÍTULO 7

¿INTENCIONES O DESEOS?

Debemos llevar nuestros deseos bajo la sumisión de la cruz.

Todo lo que hemos analizado hasta ahora es una gran introducción a la palabra *conformar*. El *Diccionario Webster* la define así: «Reducir maneras, opiniones o cualidades morales a una semejanza». La Palabra de Dios nos instruye: «No os conforméis a este siglo, sino transformaos por medio de la renovación de vuestro entendimiento» (Romanos 12.2).

Vayamos al origen para comprender mejor lo que el Espíritu de Dios nos está comunicando. «Conforméis» en este versículo es la traducción de la palabra griega *susquematizo*. La definición griega da un panorama aun mejor de este término. El diccionario Strong lo define «formar como, p.ej., conformar al mismo patrón (de manera figurada)». El diccionario Vine también lo define como «crear o formar una cosa como otra». Los dos diccionarios resaltan el pensamiento de formar una cosa a semejanza de otra.

Aarón «creó» en forma de un becerro al dios que se le había dado. El acto externo fue solamente una reflexión de lo que se había formado dentro de él. En su alma se había conformado la influencia de Egipto, de la cual obviamente no se limpió. Emergió entonces lo que había en su interior. Él se había conformado a Egipto, y, como lo vimos en el capítulo anterior, se hizo evidente que no deseaba acercarse a la presencia gloriosa de Dios para ser transformado, como hizo Moisés. Los israelitas también siguieron el ejemplo de Aarón. Dios dijo de ellos:

[Israel] no dejó sus fornicaciones de Egipto; porque con ella se echaron en su juventud, y ellos comprimieron sus pechos virginales, y derramaron sobre ella su fornicación (Ezequiel 23.8).

Según el diccionario, la palabra *fornicación* sencillamente significa «deseo». Parafraseando este significado, quedaría: «Vertieron su deseo pecaminoso sobre ella». El deseo es el factor motivante de los seres humanos. Siempre seguiremos su curso.

NO ES LO MISMO DESEOS QUE INTENCIONES

Deseos e intenciones son dos cosas diferentes, aunque muchos creen que es lo mismo. Usted puede tener intenciones buenas o piadosas, que quizás no sean sus deseos verdaderos. Varias personas me han dicho que deseaban salir de las influencias del mundo y presentarse ante Dios; sin embargo, no lo hicieron. Están desconectadas de sus verdaderos deseos, porque Santiago declara que «cada uno es tentado, cuando de su propia concupiscencia es atraído y seducido» (Santiago 1.14). El deseo es el sendero que toma una persona, sin importar cuán buenas podrían ser sus intenciones. Por esto Santiago continúa diciendo: «Amados hermanos míos, no erréis» (v. 16). (Es verdad que hay un aspecto positivo del deseo, pero en este caso estamos tratando con el lado negativo.)

No fue Dios sino un humorista quien dijo: «El mal me hizo hacer eso». El mal no puede conseguir que un creyente haga algo. Solo puede atraer, pero usted no puede ser atraído por algo que no desea. Si a la mayoría de creyentes se le ofrece un poco de cocaína o de LSD, no dudarían en rechazarlo, porque no lo desean; por consiguiente, no pueden ser atraídos hacia esas drogas. Sin embargo, al igual que Israel, muchos creyentes no han renunciado a los deseos del sistema que el mundo incrédulo les ha transmitido. Por eso pueden ser atraídos fácilmente hacia esas cosas.

Debemos llevar nuestros deseos bajo la sumisión de la cruz: «Los que son de Cristo han crucificado la carne con sus pasiones y deseos» (Gálatas 5.24). Esto no es algo que Dios hace por nosotros sino algo que nosotros debemos hacer. No podemos hacerlo sin su gracia, ¡pero debemos hacerlo! Podemos ser atraídos por todos los deseos malignos que no hemos colocado bajo la cruz. Si no hemos sacado nuestro deseo de los caminos del mundo, podemos fácilmente resbalar hacia el mundo, como lo hizo Israel. Por esto Pablo confiesa que el mundo lo ha crucificado, y él ha crucificado al mundo (véase Gálatas 6.14).

En cierta ocasión prediqué un mensaje de arrepentimiento en una iglesia en California y después el pastor me llevó a comer y me contó un testimonio personal. Cuando se convirtió renunció a muchos pecados antiguos que lo ataban. A pesar de eso no podía abandonar su hábito de fumar dos paquetes diarios de cigarrillos. Me dijo: «John, hice todo lo bíblicamente posible para deshacerme de esa adicción. Oré, ayuné, confesé la Palabra y pedí a otros que oraran. Es más, respondí a las invitaciones de oración de parte de todo ministro que visitaba nuestra iglesia. Confesé mi adicción y les pedí que oraran por mi liberación. Hice esto durante dos años».

Después de este período de lucha, el pastor llevó a un amigo a una reunión evangelística en su iglesia. Su amigo no era salvo y también era adicto al cigarrillo. También fumaba dos paquetes diarios. Esa noche el hombre respondió al llamado de salvación, y cuando el evangelista oró por él, fue gloriosamente salvo y liberado de inmediato de su adicción al cigarrillo.

El pastor continuó: «John, yo estaba feliz por mi amigo, pero enojado con Dios. Llevé a su casa al recién convertido y de la mejor manera que pude le manifesté mi alegría por su salvación. Al llegar a casa le expresé a Dios cuán disgustado estaba. Me senté en la sala y dije: "Dios, he ayunado, orado y me he humillado ante mi iglesia y ante todo ministro que nos ha visitado, sin embargo no me has liberado. Esta noche llevo a mi amigo e instantáneamente lo salvas y lo liberas del cigarrillo. ¿Por qué no me has liberado a mí?"»

Luego el pastor declaró: «John, cuando dije eso, Dios me respondió con voz audible. No sé si lo escuché dentro o fuera de mis oídos, pero sé que era Él. Cuando grité: "Dios, ¿por qué no me has liberado?", me dijo con firmeza: "¡Porque todavía te gusta!"»

El hombre continuó: «Di una mirada al cigarrillo que estaba en mi mano y lo tiré. ¡Desde entonces nunca he vuelto a fumar!»

Por más de dos años el pastor se había dicho a sí mismo y le había expresado a otros cuánto anhelaba ser libre, pero ese no era su verdadero deseo sino su intención. Por eso era lanzado fácilmente a lo que no quería. Entonces Dios expuso su verdadero deseo. La gracia del Señor estuvo allí para liberarlo de su deseo, una vez que se arrepintió y lo colocó bajo el poder de la cruz. Su liberación fue una cooperación entre él y Dios.

Este ejemplo se aplica tanto a Israel como a los moldes, caminos y costumbres mundanas en la iglesia de hoy. Recuerde: Israel es un prototipo de esta iglesia. Dios dijo que Israel no renunció a la prostitución que comenzó en Egipto, cuando en su juventud los hombres dormían con ella, acariciaban sus pechos virginales y derramaban sobre ella su deseo. Los israelitas pudieron haber renunciado, como lo hizo Moisés, pero no quisieron hacerlo.

EL DESEO DEL MUNDO

De todos los que fueron liberados de Egipto, Moisés fue el único que no se enredó con las costumbres de esa nación, aunque creció en el palacio del faraón, fue educado en la sabiduría egipcia y todos sus amigos eran egipcios. Los otros hombres y mujeres hebreos al menos estaban en su propia comunidad dentro de Egipto. Fueron tratados severamente por tal sociedad, pero Moisés fue tratado bien debido a sus tesoros y sabiduría. Ellos no estuvieron tan involucrados con todo el sistema al grado en que estuvo Moisés. Por tanto, si alguien podría haber dicho que era difícil liberarse de los deseos de Egipto, ese era Moisés. Sin embargo, él no tuvo ningún deseo por nada de Egipto, mientras que esta nación era un polo de atracción para los israelitas.

Hoy día suavizamos el mensaje de la cruz para quienes han salido de Hollywood, de deportes profesionales, de la vida pública o de cualquier otra manera de vida sumamente enredada con el sistema del mundo. Les hacemos concesiones y excusamos sus costumbres o caminos mundanos. Esto les hace mal en vez de bien. Cuando les predicamos un evangelio más suave, bloqueamos sus caminos hacia el monte del Señor. Comienzan con emoción, pero poco a poco tienden a regresar al mundo. Si no se vuelven de nuevo, forman un «Jesús» nada parecido al que está sentado a la derecha del Padre. Posiblemente confiesan ser salvos y tener el deseo de conocer al Señor, pero están en contacto con sus verdaderos deseos. Sus deseos verdaderos están en el sistema del mundo. Son creyentes que profesan que se han conformado al mundo.

Israel confesaba un deseo de conocer a Dios y caminar con Él. Como usted recordará de capítulos anteriores, antes de que en el monte el Señor revelara su gloria a los israelitas, ordenó a Moisés informarles que los estaba llevando hacia Él mismo. Si ellos hubieran obedecido su voz y mantenido su pacto, entonces serían un reino de sacerdotes. Moisés descendió del monte para informar las condiciones de Dios para el pueblo, el cual respondió así:

Vino Moisés y llamó a los ancianos del pueblo, y expuso en presencia de ellos todas estas palabras que Jehová le había mandado. Y todo el pueblo respondió a una, y dijeron: Todo lo que Jehová ha dicho haremos. Y Moisés refirió a Jehová las palabras del pueblo (Éxodo 19.7-8).

La respuesta fue sincera, pero sabemos que eso no sucedió. El pueblo se alejó y la gloria del Señor se alteró en sus corazones y mentes. Ellos manifestaron sus intenciones, no sus deseos. No estaban conscientes de sus verdaderos deseos, los deseos de Egipto, que los alejarían de Dios.

71

DOS CLASES DE GRUPOS EN LA IGLESIA

¿Por qué los hijos de Israel, que estaban menos ligados que Moisés a las costumbres egipcias, fueron atraídos por ellas, mientras que Moisés no mostró deseo alguno de relacionarse con tales cosas? ¿Por qué fue el menos interesado en ellas, si era quien más estaba ligado al mundo?

Descubriremos la diferencia si examinamos las dos partes. Tendremos también un panorama muy claro de dos grupos distintos de personas que componen hoy día la iglesia. Uno está representado por Moisés y el otro por los hijos de Israel. Veremos por qué muchos en la iglesia moderna se conforman al mundo, mientras otros que han salido de enormes enredos de esclavitud no tienen deseos de regresar a él.

Por siglos los hijos de Israel habían orado y clamado para ser libres de sus opresores egipcios. Anhelaban regresar a la tierra de la promesa. Dios envió su liberador, Moisés, a quien dijo: «He descendido para librarlos de mano de los egipcios, y sacarlos de aquella tierra a una tierra buena y ancha, a tierra que fluye leche y miel» (Éxodo 3.8). El Señor dio a Moisés sus mensajes y señales para ordenar al faraón que dejara ir al pueblo.

Por primera vez después de cuarenta años, Moisés regresó a Egipto para llevar el mensaje de Dios al faraón. Sin embargo, primero llegó hasta los israelitas y les comunicó el mensaje divino de liberación. La Biblia registra que cuando oyeron la noticia, «el pueblo creyó; y oyendo que Jehová había visitado a los hijos de Israel, y que había visto su aflicción, se inclinaron y adoraron» (Éxodo 4.31).

¿Se puede usted imaginar las emociones en esa reunión? Los israelitas habían sido esclavos toda la vida. Sus padres, abuelos y bisabuelos habían sido esclavos. Durante casi cuatrocientos años habían oído hablar de la promesa de liberación y de su propia tierra. (Como punto de referencia, Estados Unidos tiene menos de doscientos cincuenta años como nación.) Ahora el pueblo veía a su liberador.

Los israelitas experimentaron gran alegría. Vieron las señales que Moisés hizo y entusiasmados creyeron las nuevas. Puedo imaginarlos llorando, gritando y exclamando: «¡Qué noticia más maravillosa! ¡Al fin sucedió! ¡Dios ha venido a liberarnos!» Su alabanza y gratitud los llevó finalmente a inclinarse y adorar a Dios.

Moisés salió de esa reunión, fue hasta el faraón y proclamó el mismo mensaje del Señor. Ordenó al monarca que «dejara ir al pueblo». Pero el faraón respondió incrementando las penurias del pueblo. Ya no se les daría paja para la innumerable cantidad de ladrillos que los israelitas debían elaborar cada día. La tendrían que recoger en la noche y trabajar en el día. La cantidad de ladrillos no debía disminuir, aunque ya no se les daría paja. El mensaje de libertad divina aumentó sus dificultades y sufrimientos.

La actitud de los hijos de Israel comenzó a cambiar. Se quejaron y le dijeron a Moisés: «Déjanos solos y deja de hablar con el faraón; nos estás haciendo la vida más difícil». Estos eran los mismos que habían adorado a Dios solo unos días antes, cuando Moisés les llevó por primera vez la noticia.

Cuando el Señor finalmente liberó de Egipto a los israelitas, el corazón del faraón se endureció de nuevo y los persiguió en el desierto con sus mejores carros y guerreros. Al ver que Egipto se había unido contra ellos y que a sus espaldas tenían el Mar Rojo, se volvieron a quejar: «¿No es esto lo que te hablamos en Egipto, diciendo: Déjanos servir a los egipcios? Porque mejor nos fuera servir a los egipcios, que morir nosotros en el desierto» (Éxodo 14.12).

«Mejor nos fuera».

En esencia, los hijos de Israel estaban diciendo: «¿Por qué debemos hacer lo que afirmas que Dios dice, cuando tan solo hace más miserables nuestras vidas? Estamos peor, no mejor». Rápidamente compararon su antiguo estilo de vida con su condición presente. Puesto que no había equilibrio entre ambas situaciones, quisieron regresar. Más que cumplir la voluntad de Dios, deseaban cualquier cosa que les asegurara sus mejores intereses. ¡Cielos! ¡Cómo les faltaba el verdadero deseo por Dios en el amor hacia sus propias vidas!

Dios abrió el mar, los hijos de Israel cruzaron sobre el fondo seco y vieron ahogarse a sus opresores. Creyeron y celebraron la bondad de Dios con danzas y alabanzas ante Él: «María la profetisa, hermana de Aarón, tomó un pandero en su mano, y todas las mujeres salieron en pos de ella con panderos y danzas» (Éxodo 15.20). ¿Se puede imaginar usted un millón de mujeres danzando y haciendo sonar panderos? ¡Qué culto de alabanza!

Los israelitas eran firmes creyentes y nada los haría regresar. ¡Estaban seguros de que nunca dudarían de la bondad divina! Sin embargo, no conocían sus propios corazones. Sabían cuáles eran sus intenciones sí, pero ignoraban sus deseos. Más tarde surgiría otra prueba y se expondría de nuevo su infidelidad. Exactamente tres días después se quejaron de las aguas amargas, pues querían agua dulce (véase Éxodo 15.22-25). Añoraban lo que habían tenido en Egipto, de lo cual carecían en el desierto de Dios.

Pasaron unos pocos días y los israelitas se quejaron de la falta de comida: «Ojalá hubiéramos muerto por la mano de Jehová en la tierra de Egipto» (Éxodo 16.1-4). Pusieron a Dios en sus quejas contra la propia voluntad de Él. Cuán religiosos. ¿Puede usted ver su hipocresía?

Esta misma conducta continuó hasta el punto en que Dios los llevó al desierto de Parán. Allí dio instrucciones a Moisés de enviar doce espías de todas las tribus a reconocer la tierra que les había prometido. Los espías fueron a Canaán por cuarenta días; diez regresaron con un informe muy desalentador: «No podremos subir contra aquel pueblo, porque es más fuerte que nosotros» (Números 13.31).

Aun cuando un espía, Caleb, no estuvo de acuerdo con los otros (y Josué lo apoyó), los israelitas tomaron para sí el informe negativo, lloraron y se quejaron toda la noche: «¿Por qué nos trae Jehová a esta tierra para caer a espada, y que nuestras mujeres y nuestros niños sean por presa? ¿No nos sería mejor volvernos a Egipto?» (Números 14.1). Se quejaban siempre que encontraban situaciones que no eran de su agrado. Cuando todo les parecía bien, guardaban la Palabra de Dios y aparentaban desear al Señor. Pero se quejaban si la obediencia significaba ir en una dirección que no agradaba a su carne. La frase «¿no nos sería mejor?» da un claro panorama de sus corazones. «De la abundancia del corazón habla la boca» (Mateo 12.34). Su motivación central de vida se hizo evidente por el comportamiento y las palabras expresadas bajo presión. Tal motivación estaba en sí mismos. Su enfoque estaba en sus propias vidas, no en el corazón de Dios.

UN ENFOQUE DIFERENTE

Moisés era muy distinto. Después de ser grande en Egipto decidió sufrir aflicciones con el pueblo de Dios, en vez de disfrutar los beneficios de esa nación. Los hijos de Israel no escogieron sus dificultades, pero Moisés tuvo a su disposición lo más agradable que podía ofrecer el mundo y renunció a ello, «teniendo por mayores riquezas el vituperio de Cristo que los tesoros de los egipcios; porque tenía puesta la mirada en el galardón» (Hebreos 11.26).

Olvidando rápidamente su opresión, los israelitas quisieron volver a Egipto (el mundo). Recordaban tan solo haber disfrutado lo que ahora no tenían en el desierto de la prueba de Dios. Por otro lado, Moisés escogió la adversidad «porque tenía puesta la mirada en el galardón».

¿Cuál era ese galardón? La respuesta se encuentra en el ofrecimiento que Dios presentó a Moisés y al pueblo, de darles la promesa que habían esperado por cuatrocientos años: la tierra prometida. (Esto sucedió antes de que los espías reconocieran la tierra. El pueblo aun buscaba ansiosamente esa tierra.) El Señor dijo a Moisés:

Anda, sube de aquí, tú y el pueblo que sacaste de la tierra de Egipto, a la tierra de la cual juré a Abraham, Isaac y Jacob, diciendo: A tu descendencia la daré; y yo enviaré delante de ti el ángel, y echaré fuera al cananeo y al amorreo, al heteo, al ferezeo, al heveo y al jebuseo (Éxodo 33.1-2).

El ofrecimiento de la promesa que habían esperado estaba ante el pueblo. Después de cuatrocientos años en tierra extranjera, yacía ante el líder la oferta de una tierra pródiga. Pero había algo más. Dios continuó: «([Sube] a la tierra que fluye leche y miel); pero yo no subiré en medio de ti, porque eres pueblo de dura cerviz» (v. 3).

Dios dijo a Moisés que llevara a los israelitas a la tierra que les había prometido, la mismísima tierra que por centenares de años habían esperado como herencia. Dios incluso prometió a Moisés la escolta de un ángel escogido, aunque Él mismo no los acompañaría.

Moisés respondió rápidamente: «Si tu presencia no ha de ir conmigo, no nos saques de aquí» (Éxodo 33.15). Moisés no dudó en responder. Sin pensarlo dos veces, prefirió permanecer con la presencia de Dios en el árido desierto (el lugar que le había dado mucha incomodidad), en vez de entrar sin la presencia de Dios a la tierra de viñas, ríos y hermosas casas.

Me contenta que la opción de entrar sin Dios a la tierra prometida no se hubiera puesto ante los hijos de Israel. Estos se quejaron continuamente en tiempos difíciles y amenazaron con regresar a Egipto. Puesto que hasta pensaron en regresar a Egipto sin Dios, gustosamente habrían tomado su propia tierra con un ángel. Su galardón era cualquier cosa que los beneficiara más (así también es como vive el mundo: «¿Qué es lo mejor para mí?»

Sin la presencia de Dios, la promesa no significaba nada para Moisés. Este rechazó la oferta porque aun cuando habría conseguido una vida más cómoda, estaría vacía de lo que ansiaba su corazón. Ante todo deseaba conocer a Dios: «Si he hallado gracia en tus ojos, te ruego que me muestras ahora tu camino, para que te conozca» (Éxodo 33.13).

Moisés no pidió tierras, riquezas, honor o cualquier otro atractivo tangible. En Egipto lo tuvo todo y se dio cuenta de que no le daba verdadera satisfacción. Inmediatamente después de rechazar el ofrecimiento de la tierra prometida vacía de la presencia de Dios, su corazón clamó: «Te ruego que me muestres tu gloria» (v. 18).

Moisés tomó una decisión firme. Persiguió el galardón de conocer a Dios. Rechazar al mundo no era nada en comparación con el galardón de la gloria del Señor. Pudo acercarse a Dios en el monte porque decidió renunciar a las recompensas del sistema del mundo. Los israelitas, sin embargo, no podía acercarse al Dios de santidad. En ellos aun estaban los deseos de Egipto. En sus corazones no se habían apartado del mundo, lo que trajo como resultado su incapacidad de separar lo mundano de lo divino.

Si usted desea el mundo y el conocimiento de Dios, se distorsiona la imagen del Señor. Si usted no conoce realmente a Jesús, conocerá a uno diferente. Los hijos de Israel querían la liberación divina, pero también deseaban lo que Egipto tenía. Por eso no «dejaron sus fornicaciones de Egipto». Estaban conformados al mundo; es decir, los deseos de Egipto estaban formados dentro de ellos. Aun cuando el firme y poderoso poder de Dios los sacó de Egipto, no tomaron la decisión de sacar a Egipto de ellos.

LA MOTIVACIÓN PRINCIPAL

El factor aislante entre Moisés y el pueblo de Israel era su motivación interior. Moisés quería a Dios y gustosamente pagaría cualquier precio por conocerlo. Los hijos de Israel querían lo que más les convenía. Tomarían con gusto el camino de Dios, si el beneficio de andar en él concordaba con sus sentidos naturales. Pero si no era así se inclinarían a lo que les parecía mejor. Conocer a Dios dará siempre como resultado lo mejor para nosotros, porque Él es amor perfecto. Sin embargo, muchas veces este conocimiento no estará de acuerdo con los sentidos naturales.

Moisés amaba a Dios por lo que Él era; los hijos de Israel amaban a Dios por lo que podría hacer por ellos. Si lo que Él estaba haciendo no satisfacía sus deseos, se iban hacia lo que consideraban mejor. El propósito de vida de Israel era un poco diferente del principal factor motivante del mundo. Juan declaró: «Todo lo que hay en el mundo, los deseos de la carne, los deseos de los ojos, y la vanagloria de la vida, no proviene del Padre, sino del mundo» (1 Juan 2.16).

Los del mundo desean lo que agrada y gratifica sus sentidos o su situación. Así es como vivían los israelitas; por tanto, obedecían gustosamente a Dios si la obediencia daba beneficios inmediatos.

Moisés e Israel ilustran perfectamente los dos grupos de personas que componen hoy día a la Iglesia. La diferencia básica entre ambos grupos es la línea divisoria en la iglesia. Esta revela a los verdaderos adoradores y a quienes por interés profesan a Jesús como Señor.

Ahora podemos comprender con más claridad las palabras de Jesús en el Nuevo Testamento:

Llamando a la gente y a sus discípulos, les dijo: Si alguno quiere venir en pos de mí, niéguese a sí mismo, y tome su cruz, y sígame. Porque todo el que quiera salvar su vida, la perderá; y todo el que pierda su vida por causa de mí y del evangelio, la salvará» (Marcos 8.34-35).

La cruz representa muerte total a nuestros deseos y anhelos. Quienes abrazan la cruz confían en que Dios es un creador y maestro fiel, justo y misericordioso. Saben que toda vida procede de Él, y que fuera de Él no existe vida verdadera.

Moisés vio la gran visión; los hijos de Israel solo se podían ver a sí mismos. Moisés entendió que Dios es santo y que acercarse a Él exigía el completo abandono del mundo y sus costumbres. Se dio cuenta de que al negarse a sí mismo le daría el conocimiento de Dios. Pablo vio también la visión, y vemos su principal motivación en estos comentarios a dos iglesias:

Lejos esté de mí gloriarme, sino en la cruz de nuestro Señor Jesucristo, por quien el mundo me es crucificado a mí, y yo al mundo (Gálatas 6.14).

Cuantas cosas eran para mí ganancia, las he estimado como pérdida por amor de Cristo. Y ciertamente, aun estimo todas las cosas como pérdida por la excelencia del conocimiento de Cristo Jesús, mi Señor, por amor del cual lo he perdido todo, y lo tengo por basura, para ganar a Cristo (Filipenses 3.7-8).

Pablo no fue engañado. No anhelaba el mundo. El precio de abandonar sus placeres y beneficios no es nada comparado con la insuperable grandeza de conocer y caminar con el único que es vida.

CAPÍTULO 8

¿CULTURA OPUESTA O SUBCULTURA?

No debemos imitar las costumbres o hábitos del mundo para actuar como las personas de este mundo.

El pueblo no pudo resistir la manifestación de Dios en su monte. Antes de que se revelara la gloria del Señor, los israelitas profesaron su deseo por Él, pero en realidad no lo deseaban. En sus corazones no se habían apartado a sí mismos de Egipto; no habían abandonado su deseo por sus costumbres. Pero cuando «Dios» les fue ofrecido en un paquete similar a los hábitos y patrones de Egipto, pensaron que era maravilloso porque podían tener a Dios y a sus verdaderos deseos: Egipto. ¡Podían estar conformados a Egipto y tener a Yahveh!

El espíritu del mundo forma numerosos patrones y hábitos de vida. (A Satanás se le conoce como «el príncipe de la potestad del aire» [Efesios 2.2] y «el dios de este siglo» [2 Corintios 4.4].) Si no decidimos abandonarlos por el galardón de acercarnos a la presencia de Dios, estaremos continuamente retrocediendo hacia las influencias del espíritu que gobierna el mundo. Sin embargo, Dios ordena: «No haréis como hacen en la tierra de Egipto, en la cual morasteis ... ni andaréis en sus estatutos» (Levítico 18.3).

No debemos imitar las costumbres o hábitos del mundo para actuar como las personas de este mundo. Pablo refuerza este punto: «No os conforméis a este siglo, sino transformaos por medio de la renovación de vuestro entendimiento» (Romanos 12.2).

El Reino de Dios y el rumbo de este mundo van en direcciones opuestas. No hay armonía entre los dos, como lo señala Jesús: «Si el mundo os aborrece, sabed que a mí me ha aborrecido antes que a vosotros. Si fuerais del mundo, el mundo amaría lo suyo; pero porque no sois del mundo, antes yo os elegí del mundo, por eso el mundo os aborrece» (Juan 15.18-19).

Jesús nos escogió para que saliéramos de los patrones de vida del mundo, y Él explica que por eso nos odian. Pero, ¿nos odian en realidad? Es casi como si la iglesia hubiera pasado las últimas décadas intentando probar que aquí los mensajes de Jesús son erróneos. Hemos hecho lo mejor que pudimos por lograrlo. ¡Inconscientemente hemos creído que podíamos tener la aprobación del mundo y también la de Jesús! Pero Jesús dijo que el mundo nos amaría solo si perteneciéramos al mundo. Por tanto, ¿hemos luchado por pertenecer adonde no calzamos?

LA IGLESIA PRIMITIVA COMPARADA CON LA IGLESIA DE HOY DÍA

He realizado algunos estudios sobre los miembros de la iglesia primitiva, principalmente de los siglos dos y tres, y he descubierto una enorme diferencia entre ellos y nosotros. Su característica sobresaliente era su estilo de vida apartado. Nadie podía encontrar en ellos los hábitos, métodos y costumbres del mundo. Eran completamente distintos de la sociedad que los rodeaba, debido a que vivían bajo principios y valores muy diferentes. La Palabra de Dios había formado verdaderamente sus vidas.

Los informes que los incrédulos daban de esos primeros creyentes eran que los cristianos moraban en sus comunidades como extraños y que aun cuando vivían en la carne, no vivían para la carne. Obedecían las leyes prescritas, y al mismo tiempo sobrepasaban esas leyes con sus vidas. Tenían poco interés en legítimos placeres, eventos deportivos públicos o entretenimientos. Amaban a todos los hombres, pero eran perseguidos por todos. Fueron deshonrados, pero en su mismísimo honor fueron glorificados. Quienes los odiaban no podían dar ninguna razón de su odio.

Hoy día, quienes nos odian no tienen que buscar demasiado para dar razones válidas de su odio. Este informe dado de los cristianos primitivos se podría aplicar solamente a un pequeño segmento de la iglesia moderna. Hemos tenido numerosos escándalos en todos los niveles del ministerio. Estos trágicos incidentes han ocurrido a causa de nuestros deseos egoístas. No solo líderes, sino muchos en la iglesia llevan vidas materialistas en la búsqueda de placeres y tesoros de este mundo. No pensamos que esté mal ponerse en la fila por las mismas películas, diversiones y distracciones que el mundo persigue.

Cipriano fue un romano muy rico que a los cuarenta años de edad dio su vida por Jesús. Estaba tan alegre de haber encontrado a Cristo, que vendió todos sus bienes y repartió su dinero entre los necesitados. Más tarde se convirtió en un supervisor de la iglesia. Escribió:

La única tranquilidad pacífica y confiable, la única seguridad sólida, firme e inmutable para un hombre es esta: Alejarse de la distracción de este mundo, anclarse a sí mismo a la tierra firme de la salvación, y levantar los ojos de la tierra al cielo (el monte de Dios)....

Quien verdaderamente es más grande que el mundo no puede tener ansias por nada y no puede desear nada de este mundo (Carta de Cipriano a Donato, sec. 14).

Los primeros cristianos creían que este mundo y el venidero eran enemigos; por consiguiente, no podemos ser amigos de ambos. Santiago declara sin rodeos: «¡Oh almas adúlteras! ¿No sabéis que la amistad del mundo es enemistad contra Dios? Cualquiera, pues, que quiera ser amigo del mundo, se constituye enemigo de Dios» (Santiago 4.4).

¿Por qué Santiago llama creyentes adúlteros a quienes buscan disfrutar de este mundo? Un adúltero tiene un pacto con alguien que busca una relación con otro. Como creyentes tenemos un pacto con Dios; por tanto, ¿por qué deseamos seguir los modelos, costumbres y caminos del mundo? ¿Podría ser porque no somos diferentes de los hijos del Israel de antaño, los cuales no renunciaron a los deseos de Egipto por el privilegio de llegar ante Dios?

CULTURA OPUESTA VS. SUBCULTURA

La iglesia primitiva tenía una cultura opuesta. Hoy día mucho en la iglesia es una subcultura. ¿Cuál es la diferencia? Una *cultura opuesta* es un grupo de personas cuyo estilo de vida rechaza o se opone a los valores y patrones de conducta sociales. Sus vidas están gobernadas por una serie de directrices muy diferentes. La iglesia primitiva la representaba. Pedro dijo a los primeros convertidos: «Sed salvos de esta perversa generación» (Hechos 2.40). *El Mensaje* (paráfrasis en inglés de las Escrituras) acentúa el significado de lo que quiso decir Pedro: «Salgan mientras puedan; ¡salgan de esta cultura ridícula y enferma!»

Por otra parte, una *subcultura* es un grupo diferente de personas que todavía forman parte de la cultura global existente. Aunque se distinguen de los demás en algunas características, están conectadas con la sociedad global. La Iglesia de hoy encaja en esta descripción. Tenemos nuestras etiquetas de «nacido de nuevo» y «salvo». Nos afiliamos con grupos o círculos tales como evangélicos, carismáticos, denominacionales, etc. Sin embargo, estamos muy atados a esta sociedad.

Nuestra sociedad abarca individuos con estilos de vida muy diferentes. Si trazamos un gráfico que bosqueje los estilos de vida estadounidenses, tendremos en un lado liberales extremistas y en el otro conservadores, con muchas variaciones entre los dos lados. En el lado liberal extremista encontraremos personas como estrellas de rock, personalidades y otros que se visten con ropas extrañas, inclusive algunos se visten con lo que generalmente usa el sexo opuesto. Estas personas llevan una vida excepcionalmente anormal en la que realizan actos lujuriosos tanto en privado como en público. Algunos dan muerte a su cabello negro y se blanquean la piel. Otros viven de manera pervertida. Los consideramos un segmento extremista de la sociedad que la iglesia nunca buscaría emular.

En el otro lado encontraremos a los estadounidenses conservadores. Estos son hombres y mujeres que llevan lo que podríamos llamar vidas normales. Aunque este segmento de sociedad se ve a sí mismo como «bueno», está vinculado con la cultura global de vida bajo la influencia del príncipe de la potestad del aire. A veces lo «bueno» es el mayor enemigo de Dios. Recuerde que la decisión de Eva sobre lo que parecía bueno estaba muy en contra de los caminos del Señor.

En vez de ser creyentes que hoy día llevan vidas totalmente separadas y basadas en la autoridad determinante del Reino de Dios, muchos no llevamos nuestras vidas de manera muy diferente a los conservadores incrédulos. Decimos que no somos de este mundo, pero para muchos de nosotros esto es teórico en vez de ser una realidad. Puesto que estamos conectados, cuando cambian las líneas limítrofes de la sociedad, nosotros cambiamos con ellas.

La Palabra de Dios da instrucciones a los creyentes de abstenerse «de toda especie de mal» (1 Tesalonicenses 5.22). También nos ordena: «No participéis en las obras infructuosas de las tinieblas, sino más bien reprendedlas; porque vergonzoso es aun hablar de lo que ellos hacen en secreto» (Efesios 5.11-12). Sin embargo, ¿hemos hecho caso de esas advertencias?

Hoy día la industria cinematográfica pone categorías en sus películas. La mayoría de creyentes, así como de conservadores estadounidenses, no se oponen a ver una película típica PG-13 (para menores acompañados por adultos), mientras no presente demasiada irreverencia o nudismo. No obstante, muchas de esas películas que no tienen demasiado nudismo están repletas de falta de respeto, ira, odio, violencia o relaciones extramaritales implícitas. Muchos creyentes verán tal conducta impía sin darle mayor importancia.

Sin embargo, tomemos la misma película clasificada PG-13 y mostrémosla a las personas de esta nación que vivían en la década de los cuarenta. ¿Cuál habría sido su reacción? ¡La mayoría se habría horrorizado del contenido! ¿Qué ha sucedido? Han cambiado las líneas de los Estados Unidos conservadores, y las líneas de la iglesia han cambiado con ellas. Lo que habría avergonzado a los estadounidenses de los cuarenta es considerado normal por la mayoría de creyentes en la iglesia de hoy. ¿Nos están gobernando los caminos del Reino de Dios, o están influyendo en nosotros los deseos de Egipto?

Los caminos y las normas del Reino de Dios son constantes, porque el Señor no cambia. La Biblia declara que no hay sombra de cambio en Él. Cuando el Señor nos dice que nos abstengamos de toda especie de mal, y que es vergonzoso aun hablar de las cosas que hacen los impíos, ¿por qué nos ponemos en la fila o nos suscribimos y pagamos dinero para ver actitudes, comportamientos y patrones que se han formado en la generación perversa en que vivimos? Un amigo me contó que mientras estaba sumido en oración oyó la voz del Señor que le preguntó fervientemente: «¿Por qué mi pueblo se entretiene con las mismas cosas que enterraron los clavos en mis manos?»

¿Tiene discernimiento la industria del espectáculo? ¿Acaso los ejecutivos y quienes toman decisiones conocen el fruto que Dios busca en su pueblo? Por tanto, ¿por qué confiamos en las evaluaciones de la industria y no en el discernimiento? ¿Ha cambiado Dios en los últimos veinte años para acomodarse a las tendencias de esta generación? ¡Absolutamente no! Si las normas de Dios no han cambiado, ¿por qué han cambiado las normas en la mayoría de los creyentes estadounidenses? Hemos estado vinculados a la cultura, no al Reino, en nuestros estilos de vida. No hemos abandonado los deseos de Egipto. Este patrón es evidente en todos los aspectos de la vida: ropas, peinados, maneras en que manejamos el dinero y los negocios, puntos de vista políticos, etc.

Los miembros de la iglesia primitiva podían rechazar las actitudes, comportamientos y espectáculos impíos de su cultura debido a que se conformaron a los caminos del Reino de Dios. Eran una iglesia ávida, en que su deseo de conocer a su Redentor era mayor que sus deseos de comodidad o placer. Los señuelos de su cultura no tenían poder sobre la mayoría de ellos debido a su pasión por el Señor. El costo de renunciar a todo era mínimo comparado con el galardón de conocer al Redentor. No solamente lo reconocían, sino que lo vivían. Este estilo de vida produjo entre ellos una disciplina saludable.

A diferencia de algunas denominaciones o grupos que llegaron después, los primeros creyentes por lo general no intentaban legislar santidad a través de reglas, leyes o regulaciones excesivas. Dependían del sonido de la doctrina, de la verdadera conducción del Espíritu, del ejemplo piadoso y de un compromiso firme de servicio. Las iglesias que dependen de regulaciones externas para provocar santidad terminan comúnmente generando legalistas religiosos. La iglesia primitiva destacaba la importancia de un corazón renovado, el cual produce un piadoso estilo de vida. Las conductas externas eran consideradas inútiles si no revelaban lo que estaba sucediendo dentro de la persona.

¿PROVOCAREMOS A CELOS AL SEÑOR?

Actualmente hemos invitado al mundo dentro de nuestros hogares a través de la televisión, videos, revistas, periódicos, etc. Muchas veces me ha entristecido ver afiches de atletas y fotos de estrellas de cine adheridos a las paredes de las habitaciones de los niños, y revistas de estrellas de Hollywood y otros ídolos de la sociedad en hogares de creyentes. ¿Por qué hemos levantado a esos hombres y mujeres idolatrados por la sociedad?

Hablando de ídolos, Pablo advirtió: «No podéis beber la copa del Señor, y la copa de los demonios; no podéis participar de la mesa del Señor, y de la mesa de los demonios» (1 Corintios 10.21). ¿Por qué queremos alimentarnos de lo que se alimenta el mundo? Pablo continuó: «¿O provocaremos a celos al Señor?» (v. 22). ¿Por qué estamos tan interesados en lo que le interesa al mundo?

Mi familia se ha relacionado por años con un conocidísimo luchador profesional. Dios ha tocado su familia de muchas maneras. La madre, los hijos y un pariente son salvos. El luchador también ha oído de nosotros el evangelio; sabe que se debe pagar un precio por seguir a Jesús, y aun no está dispuesto a renunciar a todo por seguirle. De cierto modo lo respeto por su sinceridad, porque muchos en la iglesia dicen que abandonaron todo para seguir a Jesús y sin embargo no hacen lo que dicen.

Al hablar de fortaleza espiritual en mensajes que he dado en conferencias cristianas e iglesias en todo el país he usado a este luchador como una alegoría. Mi corazón se ha entristecido mucho cuando las personas se me acercan emocionadas y quieren saber quién es él. He querido gritar: «¿Cómo sabías de quién se trata? ¿Has estado viendo lucha profesional?» Me contengo ante el riesgo de parecer legalista. Quizás no debería. Él me importa mucho, pero no puedo soportar verlo en televisión puesto que las acciones están llenas de maldad. Pienso: *¿Cómo pueden los creyentes ver esto regularmente? ¿Dónde está su celo por la presencia de Dios?*

UN LLAMADO A DESPERTAR

Hace algún tiempo tuve un llamado a despertar que inundó mi pasión por este mensaje. Había ministrado en una iglesia sobre la búsqueda de Dios. El poderoso culto conmovió profundamente a muchas personas.

Había planificado el día siguiente para descansar. Estaba viajando con mi esposa y mis hijos, y habíamos estado en la carretera por algún tiempo. El pastor invitó a cenar a todo el liderazgo. Comimos y platicamos, y gran parte de la conversación fue sobre cómo los había tocado Dios el día anterior. Después de la cena decidimos ir a ver una película. Alguien tenía un video de una película que había sido muy popular. Pensé que el actor principal era talentoso, y aunque estaba clasificada PG-13, hablé a favor, aceptando verla.

En el mismísimo comienzo había una escena gráfica de asesinato. Me preocupé, pero decidí continuar viéndola. Aunque la película no tenía más muertes había mucha pelea, odio, venganza, amargura y engaño. Mientras observaba sentí alarma en mi corazón. Me pasé todo el tiempo pensando en que poco antes habíamos estado hablando de las cosas de Dios, sintiendo vida y luz, y ahora nosotros mismos nos estábamos abriendo a la oscuridad. Sentí que estaba siendo un espantoso testigo.

Luego uno de mis hijos entró al salón en el momento en que la acción retrocedía al asesinato. Se quedó horrorizado y salió corriendo del salón. Estaba tan trastornado que él y su hermano mayor fueron en busca de consuelo hasta donde mi esposa (que salió desde el principio). Él no podía entender cómo su padre podía ver tal película. Preguntó: «Mamá, esa película está clasificada PG-13 o R (para adultos). ¿Por qué papá la está viendo?»

Cuando terminó la película me sentía perturbado. Sabía que hice algo ridículo. Me despedí de los líderes. Esa era la última vez que los vería en ese viaje. ¡Vaya manera de dejarlos! Pedí perdón a mi esposa. Ella me contó el comentario que hizo mi hijo. Al día siguiente pedí perdón a los chicos y les dije cuán mal me sentía. Yo había pecado contra Dios, contra ellos y contra esos líderes. Fueron muy corteses y me perdonaron, pero todavía seguían pensando en eso.

En otra ciudad estuvimos con una pareja piadosa, íntimos amigos míos. Los conocí cuando fueron mis guías al nacer de nuevo a finales de los setenta. Él era un investigador en la Universidad Purdue. Había llevado a muchos ante Dios y ayudó a gran cantidad de estudiantes a crecer en el Señor. Le encantaba hablar de los asuntos del Reino.

Mi hijo contó a esta pareja que su padre había visto esa película en casa del pastor. Mi esposa me contó más tarde lo que el niño había hecho. Ellos eran tan puros que me avergoncé y me entristecí profundamente de que mis viejos amigos supieran lo que hice.

De inmediato me puse en oración ante el Señor. Dios me habló en términos específicos y me mostró que ese fue un llamado a despertar. Si yo estaba tan triste de que mis amigos supieran el asunto, ¿cómo pensaba yo que Dios había reaccionado por haberme rendido ante tal maldad, siendo yo su templo? Mi tristeza era abrumadora. ¡Gracias Dios por ser bueno y misericordioso en tu perdón!

UNA SORPRESIVA REVELACIÓN

Dios utilizó este incidente para mostrarme su verdad relacionada con nuestra responsabilidad de apartarnos del mundo. Su revelación, como siempre ocurre, reformó mi pensamiento y mi manera de vivir. Más tarde, esa misma semana, el Señor usó la vida de Lot, el sobrino de Abram, para ilustrar más esta verdad.

Dios dijo a Abram que dejara su pueblo, su parentela y la casa de su padre, y que haría de él una gran nación y lo bendeciría. Abram salió, y su sobrino Lot fue con él. La salida de estos hombres es un prototipo de la salvación, exactamente como sucedió con la salida que de Egipto hicieran Moisés y los israelitas. Abram salió de su hogar por la revelación, no así Lot. Abram tenía los mismos motivos que Moisés, mientras que Lot se parecía más a los hijos de Israel.

El resultado de la salida de Lot con Abram fue entrar en las bendiciones de Dios. Abram prosperó y era riquísimo en ganado, plata y oro (véase Génesis 13.2). Lot, «que andaba con Abram, tenía ovejas, vacas y tiendas» (v. 5). Sin embargo, siempre que alguien que busca su propio beneficio se une con alguien que está buscando a Dios, resulta un conflicto, porque la carne resistirá siempre y finalmente contenderá con el espíritu. Sabemos además que «hubo contienda entre los pastores del ganado de Abram y los pastores del ganado de Lot» (v. 7). Siendo Abram quien estaba ante el corazón de Dios, dijo a su sobrino:

No haya ahora altercado entre nosotros dos, entre mis pastores y los tuyos, porque somos hermanos, ¿No está toda la tierra delante de ti? Yo te ruego que te apartes de mí. Si

90

fueres a la mano izquierda, yo iré a la derecha; y si tú a la derecha, yo iré a la izquierda (Génesis 13.8-9).

El corazón de Abram estaba ante Dios. Su interés de ganancia personal ya no manejaba su vida. Ya no le importaba lo que el mundo pudiera darle, «porque esperaba la ciudad que tiene fundamentos, cuyo arquitecto y constructor es Dios» (Hebreos 11.10). Sus ojos estaban fijos en lo eterno; tener lo mejor de la tierra no le importaba.

Quienes han sido salvos pero les falta pasión por Dios, como los hijos de Israel, buscarán su mejor interés en este sistema del mundo, porque allí es donde yacen sus galardones. Abram cedió el paso a Lot al dejarle que escogiera la tierra.

Alzó Lot sus ojos, y vio toda la llanura del Jordán, que toda ella era de riego, como el huerto de Jehová, como la tierra de Egipto en la dirección de Zoar, antes que destruyese Jehová a Sodoma y Gomorra. Entonces Lot escogió para sí toda la llanura del Jordán; y se fue Lot hacia el oriente, y se apartaron el uno del otro. Abram acampó en la tierra de Canaán, en tanto que Lot habitó en las ciudades de la llanura, y fue poniendo sus tiendas hasta Sodoma (Génesis 13.10-12).

La tierra que escogió Lot era muy atractiva. Pudo ver que la prosperidad y la comodidad le esperaban en aquellas llanuras. Conocía bien el territorio, porque ya antes habían pasado por el área (véanse los vv. 1-3). Probablemente sabía que «los hombres de Sodoma eran malos y pecadores contra Jehová en gran manera» (v. 13). Eso quizás explica que haya «alzado los ojos». Imagino que estaba sopesando la bendición de la tierra contra el mal que la acompañaba. Pero el deseo de «la buena vida» fue más fuerte en él que la pasión por Dios, la cual poseía Abram. Por consiguiente, Lot hizo caso omiso de la maldad de la tierra. Tal vez pensó que podía permanecer en ella sin verse afectado.

Creo que Lot «fue poniendo sus tiendas hasta Sodoma» para mantenerse a distancia del centro de maldad social. Se comportó como lo hacen hoy día muchos creyentes que piensan: *Puedo involucrarme un poco en el sistema del mundo, lejos de sus segmentos malignos, sin que ellos me atrapen*. ¡Estos pensamientos son absurdos! El mundo tiene una fuerza de atracción llamada seducción. Si usted tiene algún deseo de ganancia egoísta, la seducción lo halará, exactamente como un imán atrae ciertos metales y no afecta para nada a otros.

Las intenciones de Lot podrían haber sido buenas para permanecer alejado de la ciudad de Sodoma, pero después de poco tiempo vivía en una tienda cerca de ella. ¡Se mudó a una casa a la puerta de Sodoma (véase Génesis 19.1-3)! Había sido atraído a la ciudad. Estoy seguro de que lo atrajeron los beneficios; sin embargo, leemos en el Nuevo Testamento que su alma justa se atormentaba por la conducta indecente de los injustos: «Este justo [Lot], que moraba entre ellos, afligía cada día su alma justa, viendo y oyendo los hechos inicuos de ellos» (2 Pedro 2.8).

Nunca olvidaré lo que Dios me reveló esa semana. Las palabras «viendo y oyendo los hechos inicuos de ellos» sobresalían ante mí. Lot afligía su alma justa al ver y oír los hechos inicuos.

Quizás usted esté pensando: *Veo y oigo hechos inicuos todos los días. Los veo y los oigo en el trabajo, en el colegio y en público. ¿Cómo puedo ocultar la aflicción de mi alma?* El Señor me mostró la clave. Cuando usted va al trabajo, al colegio o a cualquier otro lugar donde desarrolla sus actividades diarias, está yendo a un campo misionero. Dios lo está enviando para ser luz en esos lugares oscuros. Allí alcanzará, con su testimonio del poder de la resurrección de Jesús, a individuos que quizás nunca pondrían un pie en una reunión evangélica. Ver sus hechos inicuos no afligirá su alma.

Por otro lado, Lot decidió vivir cerca de la maldad por su propio beneficio o placer. Cuando usted como creyente decide ver un video lleno de perversidad, leer una revista saturada del espíritu del mundo, o decide ir a un lugar de ocio o diversión en el que se cometen hechos inicuos, usted decide afligir su alma. Pero incluso peor que eso, usted en esencia se descalifica del privilegio de acercarse al monte del Señor.

¿DÓNDE ENCONTRAMOS DESCANSO PARA NUESTRAS ALMAS?

Usted podría protestar: «Pero Jesús comió con pecadores». Sí, es cierto. Él fue a las reuniones para alcanzarlos, que es lo que debemos hacer. Sin embargo, no fue allí para divertirse o relajarse. Usted podría preguntar: «¿Dónde entonces puede ir un creyente a descansar?» Jesús iba a un lugar desierto (véase Marcos 6.31). Esto significa un lugar apartado del sistema del mundo.

Mi lugar favorito para descansar solía ser la playa. Ahora casi no encuentro una playa tranquila. En la mayoría de ellas las personas corretean cubriendo sus cuerpos solo con su ropa interior, con el espíritu de lujuria ardiendo. (Me pregunto, ¿cómo les iría en la década de los cuarenta a los diminutos y apretados trajes modernos de baño? ¡Habrían asombrado hasta a los incrédulos conservadores! No estoy de ninguna manera intentando ser legalista o anticuado, pero me pregunto si como subcultura, ¿no estaremos más conectados al mundo de lo que nos damos cuenta?) En vacaciones, en vez de ir la playa, voy a las montañas, a regiones boscosas, o a áreas de lagos. Allí puedo alejarme del sistema del mundo y dar verdadero descanso a mi alma.

¿Por qué algunos creyentes se divierten o buscan descansar donde son más evidentes los patrones y costumbres del mundo? ¿Estamos en nuestro descanso tratando de alejarnos de la presencia de Dios, o nos tranquilizamos para poder disfrutar su pacífica presencia? ¿Será que no hemos comprendido la promesa de que su presencia espera a quienes se apartan a sí mismos y se acercan a Dios?

CAPÍTULO 9

LA GRACIA SALVADORA

La gracia se describe como la capacidad de vivir libres de impiedad y deseos mundanos. Es la esencia del poder para llevar una vida de santidad ante Dios.

Con seguridad el Antiguo Testamento no contiene Escrituras obsoletas. Por el contrario, Jesús dijo: «No penséis que he venido para abrogar la ley o los profetas; no he venido para abrogar, sino para cumplir» (Mateo 5.17). ¿Cómo podríamos saber lo que Él ha cumplido y aún está cumpliendo sin comprenderlo? Ahora que hemos visto en el Antiguo Testamento antecedentes del deseo de Dios de morar entre su pueblo, volvamos a la declaración de Pablo en el nuevo pacto:

> No os unáis en yugo desigual con los incrédulos; porque ¿qué compañerismo tiene la justicia con la injusticia? ¿Y qué comunión la luz con las tinieblas? ¿Y qué concordia Cristo con Belial? ¿O qué parte el creyente con el incrédulo? ¿Y qué acuerdo hay entre el templo de Dios y los ídolos? Porque vosotros sois el templo del Dios viviente, como Dios dijo:
>
> Habitaré y andaré entre ellos,
> Y seré su Dios,
> Y ellos serán mi pueblo (2 Corintios 6.14-16).

El Señor hace aquí tres promesas distintas. Primera, morará en nosotros y caminará entre nosotros. Segunda, será nuestro

Dios. Tercera, seremos su pueblo. Estas son sus promesas que no se originan en el Nuevo Testamento. Pablo reitera que el Señor las dijo una y otra vez a Israel; sus deseos para nosotros son los mismos. En una ocasión estas fueron sus palabras exactas para Israel: «Andaré entre vosotros, y yo seré vuestro Dios, y vosotros seréis mi pueblo» (Levítico 26.12). Este ha sido desde el principio el deseo del Señor.

Como hemos visto, Dios está manifestando su deseo de morar en su gloria entre nosotros. A través del Espíritu Santo, el apóstol Pablo proclama las mismas palabras a los creyentes del Nuevo Testamento. Sin embargo, como pasó con Israel, hay una condición:

> Por lo cual,
> Salid de en medio de ellos, y apartaos, dice el Señor,
> Y no toquéis lo inmundo;
> Y yo os recibiré,
> Y seré para vosotros por Padre,
> Y vosotros me seréis hijos e hijas,
> dice el Señor Todopoderoso (2 Corintios 6.17-18).

La condición no es diferente de lo que fue para Moisés y los hijos de Israel. Debemos apartarnos del sistema del mundo. Si obedecemos, ¡Dios nos recibirá y se nos revelará a sí mismo! Pero si no lo hacemos, nuestro destino será peor que el que tuvieron los hebreos.

Dios mandó a Moisés a consagrar a los hijos de Israel. Ser apartados para Él les daría capacidad de contemplar su gloria. Se nos ha dado la instrucción exacta de separarnos. Parafraseando, Dios dice: «Yo los saqué del mundo. ¡Ahora ustedes deben sacar al mundo de ustedes!» Obedecer nos preparará para su gloria.

A Moisés se le dijo que «lavara los vestidos» del pueblo. Ellos debían sacar de sí mismos la suciedad de Egipto. Por tanto a nosotros se nos dice: «Así que, amados, puesto que tenemos tales promesas, limpiémonos de toda contaminación de carne y de espíritu, perfeccionando la santidad en el temor de Dios» (2 Corintios 7.1).

Debemos perfeccionar la santidad sacándonos la suciedad de los vestidos de la carne y el espíritu. Como Israel, debemos lavar la contaminación del mundo en nosotros. Pablo no dice: «Dios te limpiará», o «la sangre de Jesús se encargará de limpiarte». El significado es claro en el lenguaje original. La palabra griega que aquí se traduce «perfeccionar» es *epiteleo*. El diccionario griego Thayer la define como «tomar sobre sí para llevar a un fin; lograr, perfeccionar, ejecutar o completar». Eso coloca en nosotros la responsabilidad de iniciar y llevar a cabo nuestra purificación.

Por supuesto, nunca podríamos hacerlo sin la gracia de Dios, porque gracia es su capacidad conferida para hacer lo que demanda su verdad. La gracia nos da poder de obedecer los mensajes de Dios. Por eso Pablo dice:

Nosotros, como colaboradores suyos, os exhortamos también a que no recibáis en vano la gracia de Dios (2 Corintios 6.1).

Recibir algo en vano sería no usar su potencial. Supongamos que yo viviera cerca de un volcán. Se anuncia que este hará erupción dentro de veinticuatro horas. Sin medios de transporte no escaparía de ninguna manera porque a pie no podría alejarme lo suficiente en ese período de veinticuatro horas. Sin un automóvil estoy perdido. Al ver mi necesidad, una persona generosa y caritativa toca a mi puerta, me da un auto, coloca las llaves en mi mano y dice: «Es tuyo. Ahora te puedes salvar».

Me alegro mucho de haberme salvado. Al no tener dinero no habría podido comprar el automóvil. Esta persona me dio gratis el auto que me llevaría a sitio seguro.

Llamo a mis amigos y les digo emocionado: «¡Me salvé! ¡No voy a morir! Una persona muy compasiva me ha dado un automóvil para huir de esta tragedia. ¿No es maravilloso?» Luego desempolvo mis mapas y hasta compro un libro que me dice cómo conducir de manera más competente.

Sin embargo, permanezco en casa las veinticuatro horas siguientes. No subo al auto para conducir hacia la libertad. El volcán explota y soy arrastrado a la destrucción. Recibí el regalo que me conduciría a la salvación, pero solo celebré sin tomar acción alguna. Después, todo aquel que conocía mi situación y lo que yo había recibido, diría: «Recibió el automóvil en vano».

De la misma manera, recibir en vano la gracia de Dios significa que Él nos ha dado el poder de caminar libres de las trampas de este mundo por medio de la santidad, pero hemos rechazado ese poder.

UNA GRACIA ANTIBÍBLICA

En nuestra iglesia moderna se presenta un proceso de pensamiento engañoso concebido y provocado por una enseñanza desequilibrada de la gracia. Muy a menudo se refiere a la gracia como una excusa o encubrimiento para una vida mundana. Hablando francamente, se usa como una justificación para el egoísmo y los estilos carnales de vida. Muchos grupos cristianos han puesto demasiado énfasis en la bondad de Dios y descuidan su santidad y justicia. Este cambio al extremo izquierdo ha hecho que muchos tengan una comprensión deformada de la gracia divina. En consecuencia, muchos han recibido en vano la gracia de Dios.

La gracia de Dios no es solo un encubrimiento. Es verdad que cubre, pero va más allá: nos capacita y nos da poder para llevar una vida de obediencia. En el Sermón del Monte (Mateo 5), Jesús repitió estas palabras: «Oísteis lo que fue dicho a los antiguos ... Pero yo os digo...» (vv. 21-22). El mismo patrón se repite cuatro veces más al final del capítulo (vv. 27-28, 31-32, 33-34, 43-44). ¿Qué hace Jesús? Cita las exigencias de la ley de Moisés: «Oísteis lo que fue dicho». Luego presenta lo que Dios busca de un creyente bajo el nuevo pacto: «Pero yo os digo». Jesús contrasta la ley mosaica con la gracia y la verdad.

Juan dice: «La ley por medio de Moisés fue dada, pero la gracia y la verdad vinieron por medio de Jesucristo» (Juan 1.17). Jesús introduce la dimensión de la gracia que impartirá la capacidad divina dentro de nosotros, que nos librará de la fórmula muerta de la ley. La ley es una restricción exterior mientras la gracia es una transformación interior.

Con frecuencia oigo a creyentes y ministros lamentarse de las difíciles exigencias de la ley, para luego expresar su creencia de que están bajo la gracia y no bajo tan rígido estilo de vida. Pues bien, yo también me regocijo en gran manera de ya no estar bajo la ley. Pero esto no se debe a que ahora encuentro más indulgente la norma divina de santidad. Por el contrario: ¡Porque encontré la más alta norma de Dios bajo la gracia!

Profundicemos en las comparaciones de Jesús en su Sermón del Monte:

Oísteis que fue dicho a los antiguos: No matarás; y cualquiera que matare será culpable de juicio. Pero yo os digo que cualquiera que se enoje contra su hermano, será culpable de juicio; y cualquiera que diga: Necio, a su hermano, será culpable ante el concilio; y cualquiera que le diga: Fatuo, quedará expuesto al infierno de fuego (Mateo 5.21-22).

La palabra *necio* significa «cabeza hueca». Era un término de reproche usado mucho entre los judíos en la época de Cristo. Si la ira llegaba al punto en que alguien llamaba fatuo a su hermano, Jesús le dice que está en peligro de ir al infierno. La palabra *fatuo* significa «impío». El necio dice en su corazón que no hay Dios (Salmos 14.1). Llamar necio a un hermano era una acusación grave. Nadie decía tal cosa a menos que su ira se hubiera convertido en odio. Decir «necio», o «fatuo», se puede comparar hoy día a decir: «Te odio».

En el Antiguo Testamento, una persona era culpable de asesinato si tomaba una vida física. Bajo la gracia en el Nuevo Testamento, Dios equipara el odiar a un hermano con la gravedad de cometer asesinato: «Todo aquel que aborrece a su hermano es homicida; y sabéis que ningún homicida tiene vida eterna permanente en Él» (1 Juan 3.15).

Bajo la ley usted debía clavar un cuchillo a alguien para ser culpable. Bajo la gracia, si usted se niega a perdonar, o permite que la predisposición o cualquier otra forma de odio gobierne su corazón, es evidente que la gracia de Dios no mora en usted o que la ha rechazado, y por consiguiente la recibió en vano. Por tanto, ¿está Jesús describiendo la gracia como el gran «encubrimiento», o la reveló como su poder, que nos capacita para llevar una vida santa?

He aquí otra comparación que hace Jesús:

Oísteis que fue dicho: No cometerás adulterio. Pero yo os digo que cualquiera que mira a una mujer para codiciarla, ya adulteró con ella en su corazón (Mateo 5.27-28).

Cuando bajo el pacto antiguo se cometía un acto físico de adulterio se pasaba por un juicio de culpabilidad. En contraste, bajo el nuevo pacto, Dios considera que un hombre está en adulterio si mira a una mujer y la desea en su corazón. Bajo la ley, el hombre debía hacerlo; ¡bajo el nuevo pacto de gracia lo único que debe hacer es *querer* hacerlo! ¿Se parece esto a la gracia que hemos vivido y enseñado en Estados Unidos? ¿Parece el gran encubrimiento, o la capacidad dada por Dios para llevar una vida santa?

Si la gracia es solo un encubrimiento, entonces parecería que Jesús contradice la mismísima gracia que vino a impartir. Pero no es cierto: «La gracia de Dios se ha manifestado para salvación a todos los hombres, enseñándonos que, renunciando a la impiedad y a los deseos mundanos, vivamos en este siglo sobria, justa y piadosamente» (Tito 2.11-12). La gracia se describe como la capacidad de vivir libres de impiedad y de deseos mundanos. Es la esencia del poder para vivir en santidad ante Dios.

El escritor de Hebreos nos exhorta a tener la gracia para servir a Dios por medio de ella, agradándole con temor y reverencia (véase Hebreos 12.28). Además, la *gracia* no se define como un encubrimiento sino como una fuerza que nos capacita para servir a Dios de manera aceptable. La gracia que se recibe en vano da como resultado un corazón inmutable hacia las impurezas del mundo. Por consiguiente, el fruto de la santidad es la prueba de nuestra salvación.

¿SALVOS POR OBRAS?

Algunas personas podrían discutir: «Pero la Biblia dice que por gracia somos salvos por medio de la fe, pues es don de Dios, no por nuestras obras» (Efesios 2.8-9, paráfrasis del autor).

Es verdad. Es imposible en nuestras fuerzas llevar una vida digna de nuestra herencia en el Reino de Dios, porque todos hemos pecado y nos hemos quedado cortos de la justa norma de Dios. Nadie podrá estar ante Dios y reclamar que se ha ganado el derecho de habitar en su Reino por su trabajo, sus obras de caridad o por llevar una buena vida. Todos hemos pecado y merecemos arder para siempre en el infierno.

La respuesta de Dios para nuestras deficiencias es el regalo de la salvación por medio de su obsequio de gracia. Un regalo no se puede ganar. Romanos 4.4 afirma: «Al que obra, no se le cuenta el salario como gracia, sino como deuda». Usted no puede llevar una vida suficientemente buena como para poder merecer o comprar la gracia. Podría dejar su vida en sacrificios y obras de caridad y sin embargo no ganar esta gracia. Este es un regalo que se recibe por medio de la fe en Jesús.

Completemos la enseñanza para no quedarnos cortos. Recuerde nuestro ejemplo de la persona amenazada por el volcán que recibió un auto como regalo. El auto no se podía comprar, puesto que nuestro sujeto no tenía dinero. Pero aun cuando recibió el regalo, debió haber usado su potencial. Su acto u obra de conducir fuera del territorio lo habría salvado. Así mismo, ninguno de nosotros puede comprar su propia gracia. Nos ha sido dada como un regalo que no podríamos ganar, pero cuyo potencial podemos utilizar.

Por eso Santiago declaró valientemente a los creyentes: «La fe, si no tiene obras, es muerta en sí misma» (Santiago 2.17). Santiago no contradice a Pablo sino que redondea o aclara aun más su mensaje. Está señalando que así como nuestro amigo no se salvó al no ponerse al volante del auto, así la gracia sin las obras correspondientes no tiene efecto. Se ha recibido en vano.

Santiago continúa: «Pero alguno dirá: Tú tienes fe, y yo tengo obras. Muéstrame tu fe sin obras, y yo te mostraré mi fe por mis obras» (v. 18). Él declara que una vida de santidad es la evidencia de que una persona ha recibido el regalo de gracia divina por medio de la fe. En consecuencia, la gracia imparte el deseo y la capacidad de obedecer. Por eso Pablo dice: «Palabra fiel es esta, y en estas cosas quiero que insistas con firmeza, para que los que creen en Dios procuren ocuparse en buenas obras» (Tito 3.8). Un creyente confeso que desobedece constantemente la Palabra de Dios, en realidad no ha recibido la gracia del Señor o la ha recibido en vano.

Santiago resalta: «El hombre es justificado por las obras, y no solamente por la fe» (Santiago 2.24). ¡Tremenda afirmación! Me atrevo a decir que pocos creyentes evangélicos o carismáticos están conscientes de que en la Biblia existe este versículo.

Hace poco tiempo comencé un mensaje aislando este versículo. Se hizo silencio en el auditorio después de leerlo. Las personas estaban tan acostumbradas a mensajes sin obras, que les llevó algunos momentos digerir esto. Por supuesto, luego leí el versículo en el contexto, pero sus corazones estaban receptivos y su atención asegurada.

Santiago introduce esta afirmación utilizando como ejemplo a Abraham, el padre de la fe:

¿No fue justificado por las obras Abraham nuestro padre, cuando ofreció a su hijo Isaac sobre el altar? ¿No ves que la fe actuó juntamente con sus obras, y que la fe se perfeccionó por las obras? Y se cumplió la Escritura que dice: Abraham creyó a Dios, y le fue contado por justicia (Santiago 1.21-23).

LO QUE JESÚS ESTÁ BUSCANDO EN NOSOTROS

Hace poco tiempo, mientras me encontraba orando, me asombré de que el Señor me transmitiera afirmaciones muy opuestas a lo que se ha estado enseñando en nuestras iglesias. Es más, cuestioné si en realidad se trataba de su voz. Sin embargo, identifiqué en la Biblia lo que me decía.

Antes de hablar de las afirmaciones debo describir de qué se trata. Jesús da a principios del Apocalipsis siete diferentes mensajes a siete iglesias. Estas son iglesias históricas, pero Dios nunca habría puesto estos mensajes en la Biblia si no tuvieran aplicación profética. En otras palabras, los mensajes todavía se aplican hoy a nosotros.

La primera declaración que el Señor me hizo en oración fue: «John, ¿has notado que las primeras palabras que salieron de mi boca en el libro del Apocalipsis, a cada una de las siete iglesias, fueron: "Yo conozco tus obras"?» Encuentro lo siguiente en el Apocalipsis:

- *Primera iglesia:* Escribe al ángel [mensajero] de la iglesia en Éfeso ... Yo conozco tus obras (2.1-2).
- *Segunda iglesia:* Escribe al ángel de la iglesia en Esmirna ... Yo conozco tus obras (2.8-9).
- *Tercera iglesia:* Escribe al ángel de la iglesia en Pérgamo ... Yo conozco tus obras (2.12-13).
- *Cuarta iglesia:* Escribe al ángel de la iglesia en Tiatira ... Yo conozco tus obras (2.18-19).
- *Quinta iglesia:* Escribe al ángel de la iglesia en Sardis ... Yo conozco tus obras (3.1).
- *Sexta iglesia:* Escribe al ángel de la iglesia en Filadelfia ... Yo conozco tus obras (3.7-8).
- *Séptima iglesia:* Escribe al ángel de la iglesia en Laodicea ... Yo conozco tus obras (3.14-15).

«Yo conozco tus obras» son las primeras palabras que salieron de la boca del Señor para todas las siete iglesias. Pensé:

¿Cuánto nos hemos alejado de lo que Dios recalca y está buscando en nosotros?

Mientras reflexionaba en esto oí que el Señor pronunciaba la segunda declaración, la cual me fascinó: «John, ¿has notado que no dije a ninguna de las iglesias: "Yo conozco sus corazones"?»

Pensé en cuántas veces me había sentado con un creyente profeso que llevaba un estilo de vida perdido o mundano y le había oído decir con firme convicción de inocencia: «Bueno, ¡Dios conoce mi corazón!»

Jesús no está mirando nuestras intenciones, anhelos o conocimiento de lo que está bien. ¡Él mira nuestras obras! ¿Estamos permitiendo que la gracia de Dios produzca santidad en nuestras vidas, o hemos recibido en vano su gracia?

UNA MALA INTERPRETACIÓN DE LA PALABRA CREER

Una razón por la que hemos alejado el verdadero significado de la gracia es nuestra incorrecta enseñanza de la palabra *creer*. En nuestros días esta palabra se ha reducido a un conocimiento mental. Multitudes han hecho la oración del pecador porque creen que Jesús existe y fueron emocionalmente movidos por mensajes no polémicos y faltos de un llamado al arrepentimiento. Sin embargo, no se volvieron de su estilo de vida de buscar lo que el mundo busca. Continúan viviendo para sí mismos, confiando en una salvación intelectual o emocional que no es verdadera.

Creer significa en la Biblia no solo reconocer la existencia de Jesús, sino también obedecer su voluntad y su Palabra. Leemos en Hebreos 5.9: «Habiendo sido perfeccionado, [Jesús] vino a ser autor de eterna salvación para todos los que le obedecen». Creer es obedecer. La prueba de la creencia de Abraham estaba en sus correspondientes obras de obediencia. Haciendo caso del llamado a la santificación, dejó familia, amigos y nación. Después ofreció lo que para él era lo más preciso: su hijo. Nada en absoluto, ni siquiera su hijo, significaba más para él que obedecer a Dios. Esa es verdadera fe. Por eso se le honra como «padre de todos nosotros» (Romanos 4.16). ¿Vemos evidencias de esta fe en la iglesia de hoy? ¿De qué modo hemos sido engañados?

El solo hecho de que usted diga que tiene fe no prueba su salvación. ¿Cómo puede ser verdadera la fe sin las correspondientes acciones de obediencia, que producen verdadera santidad? Lea de nuevo las palabras de Santiago: «El hombre es justificado por las obras, y no solamente por la fe».

NO TODO EL QUE ME DICE: SEÑOR, SEÑOR

No conocemos al verdadero creyente por lo que confiesa sino por su «fruto de santificación» (Romanos 6.22). Jesús aclara esto al decir: «Por sus frutos los conoceréis. No todo el que me dice: Señor, Señor, entrará en el reino de los cielos, sino el que hace la voluntad de mi Padre que está en los cielos» (Mateo 7.20-21).

Permítame poner estas palabras en lenguaje castizo: «Sabrás quién es y quién no es cristiano no por lo que confiesa ser, sino por su sumisión a la voluntad de mi Padre. A no todo el que dice: "¡Soy cristiano, y Jesús es mi Señor!" se le franqueará la entrada al cielo, sino solamente a quienes obedecen la voluntad de mi Padre».

Jesús dijo además: «Muchos me dirán en aquel día: Señor, Señor, ¿no profetizamos en tu nombre, y en tu nombre echamos fuera demonios, y en tu nombre hicimos muchos milagros? Y entonces les declararé: Nunca os conocí; apartaos de mí, hacedores de maldad» (vv. 22-23).

En nuestro lenguaje moderno: «Una gran cantidad de individuos me confesarán como Señor y harán una oración de pecador. Muchos de ellos se consideran "llenos del evangelio". Sí, incluso quienes en mi nombre hicieron milagros y echaron fuera demonios se espantarán al llegar ese día. Ellos esperan entrar al reino de los cielos, solo para oírme decir: Apartaos de mí porque no obedecisteis la voluntad de mi Padre».

Este no es un relato de mis palabras. No es agradable pensar que a muchos que profesaron su señorío se les negará la admisión al Reino de los cielos, ¡incluso quienes echaron fuera demonios e hicieron milagros en su nombre!

Algunos comentadores han intentado razonar que Jesús se refiere a personas que nunca lo recibieron. Sin embargo, esta interpretación es incorrecta, porque quienes no han profesado la salvación en el nombre de Jesús no pueden hacer obras sobrenaturales en su nombre. En Hechos aparece un relato de algunos que lo intentaron. Los siete hijos de Esceva se pusieron a invocar el nombre del Señor Jesús sobre un hombre que tenía espíritus inmundos, diciendo: «Os conjuro por Jesús, el que predica Pablo». El espíritu que estaba en el hombre respondió: «A Jesús conozco, y sé quién es Pablo; pero vosotros, ¿quiénes sois? Y el hombre en quien estaba el espíritu malo, saltando sobre ellos y dominándolos, pudo más que ellos, de tal manera que huyeron de aquella casa desnudos y heridos» (Hechos 19.13-16).

A finales de la década de los ochenta recibí una aleccionadora visión espiritual. Vi una multitud incontable de personas, de tal magnitud que nunca había visto antes. Se aglomeraban ante las puertas del cielo, esperando entrar y oír decir al Maestro: «Venid, benditos de mi Padre, heredad el reino preparado para vosotros desde la fundación del mundo» (Mateo 25.34). Sin embargo oían decir al Maestro: «Nunca os conocí; apartaos de mí».

Usted podría preguntar: «Si Jesús dijo que nunca los conoció, ¿cómo podían echar fuera demonios y hacer milagros en su nombre?» La respuesta es que estos hombres y mujeres se unieron a Jesús por los beneficios de la salvación. Aunque lo aceptaron para ser salvos, como pasó con los hijos de Israel, no llegaron a conocer el corazón de Dios sino que iban solo tras su provisión. Buscaban a Dios por beneficio propio; servían motivados por el egoísmo, no por el amor.

En la declaración de Jesús, «nunca os conocí», la palabra *conocí* es la expresión griega *ginosko*. Se usa en el Nuevo Testamento para describir un acto sexual entre un hombre y una mujer (Mateo 1.25); representa intimidad. En realidad Jesús está diciendo: «Nunca os conocí íntimamente». Moisés conocía íntimamente a Dios, pero los hijos de Israel lo conocían solo por los milagros que Él hacía en sus vidas.

Leemos en 1 Corintios 8.3: «Si alguno ama a Dios, es conocido por Él». La palabra *conocido* que aquí se usa es la misma expresión griega *ginosko*. Dios conoce íntimamente a quienes lo aman. Estos han puesto su vida por Él (Juan 15.13). Solo quienes hacen esto pueden guardar su Palabra. Jesús señala esta verdad: «El que no me ama, no guarda mis palabras» (Juan 14.24).

La verdadera evidencia de amor por Jesús no es lo que se dice, sino lo que se vive. Juan explica:

> En esto sabemos que nosotros le conocemos, si guardamos sus mandamientos. El que dice: Yo le conozco, y no guarda sus mandamientos, el tal es mentiroso, y la verdad no está en él; pero el que guarda su palabra, en este verdaderamente el amor de Dios se ha perfeccionado; por esto sabemos que estamos con Él (1 Juan 2.3-5).

Judas se juntaba con Jesús. Parecía amarlo y dejó todo por seguirlo. Estuvo con Jesús a pesar de la persecución y no renunció cuando lo hicieron otros discípulos (véase Juan 6.66). Expulsó demonios, sanó enfermos y predicó el evangelio. Es cierto, está escrito que Jesús reunió «a sus doce discípulos, les dio poder y autoridad sobre todos los demonios, y para sanar enfermedades» (Lucas 9.1-2). No se habla de once discípulos; se incluye a Judas.

Sin embargo, el motivo de Judas no fue correcto desde el principio. No se arrepintió de sus costumbres egoístas. Su carácter se revela en lo que dice: «¿Qué me queréis dar, y yo os lo entregaré?» (Mateo 26.15). Mintió y engañó para sacar ventaja (véase Mateo 26.25); tomó dinero de la tesorería personal de Jesús para su uso personal (véase Juan 12.4-6); y la vergonzosa lista continúa. No conoció a Jesús, ¡aunque pasó tres años y medio en su compañía!

¿Cuántos hay hoy día como Judas? Han hecho sacrificios por el ministerio, han predicado el evangelio y tal vez han operado en los dones del Espíritu, pero no han conocido íntimamente a Jesús. Todo su trabajo está concebido por motivos egoístas.

Jesús pregunta: «¿Por qué me llamáis, Señor, Señor, y no hacéis lo que yo digo?» (Lucas 6.46). «Señor» se origina en este versículo de la traducción de la palabra griega *kurios*, que el diccionario Strong de palabras griegas la define como «suprema autoridad o maestro». Jesús explica que muchos lo confesarán como Señor, pero Él no es para ellos su autoridad suprema. Viven de una manera que no está de acuerdo con lo que confiesan; obedecen la voluntad de Dios cuando no está en desacuerdo con los deseos de sus propios corazones. Si la voluntad de Dios toma una dirección diferente a sus deseos, escogen su propio sendero, pero continúan llamando «Señor» a Jesús.

El éxito en el ministerio se mide a menudo solo por la cantidad. Esta mentalidad ha hecho que muchos hagan cualquier cosa para llenar sus altares con «convertidos» y a la iglesia con «miembros». Para lograr esto han predicado a Jesús como Salvador pero no como Señor. El mensaje acentuado ha sido: «¡Vengan a Jesús y consigan salvación, paz, amor, alegría, prosperidad, éxito, salud y mucho más!» Es verdad, Jesús es el cumplimiento de todas esas promesas, pero se ha hecho tanto hincapié en los beneficios que el evangelio puro se ha reducido ahora a una respuesta a los problemas de la vida, seguida de una garantía de salvación.

Esta clase de predicación solo atrae a pecadores. Estos escuchan un mensaje falto de arrepentimiento acerca de la venida de Dios: «¡Dale una oportunidad a Dios, Él te dará amor, paz y alegría!» Al hacer esto pasamos por alto el arrepentimiento con el fin de ganar un «convertido». Los convertidos se unen a la iglesia, pero ¿de qué clase son? Jesús confrontó a los ministerios de su época: «¡Ay de vosotros, escribas y fariseos, hipócritas! porque recorréis mar y tierra para hacer un prosélito, y una vez hecho, le hacéis dos veces más hijo del infierno que vosotros» (Mateo 23.15). Se hacen convertidos con facilidad, pero, ¿son hombres y mujeres con corazones hacia Dios o hacia las promesas? Ya vimos la diferencia entre Moisés y los hijos de Israel.

Jesús aclaró esto a las multitudes: «Si alguno quiere venir en pos de mí, niéguese a sí mismo, y tome su cruz, y sígame. Porque todo el que quiera salvar su vida, la perderá; y todo el que pierda su vida por causa de mí y del evangelio, la salvará» (Marcos 8.34-35). Todo lo que usted debe hacer para perder su vida es «querer» salvarla. Además, Él no dijo: «Todo el que quiera perder su vida por mí». Solo «querer» perder su vida no es suficiente. Jesús no está en busca de buenas intenciones.

El joven rico quería apasionadamente ser salvo. Llegó corriendo hacia Jesús y se arrodilló ante Él, clamando vida eterna. No obstante, su deseo emocional no fue suficiente. Jesús le dijo: «Una cosa te falta» (véase Marcos 10.17-22). El joven se fue cuando comprendió el precio de la cruz. ¡Al menos podemos respetar su sinceridad!

Miles que no asisten a la iglesia recibirían con gusto los beneficios de la salvación si solo pudieran mantener el control de sus vidas. Parecen comprender de alguna manera lo que han perdido muchos en la iglesia. Usted paga un precio por servir a Dios. Ellos son sinceros con Dios y no quieren pagarlo. En el otro extremo están los que han sido engañados. Estos asisten a la iglesia, llaman «Señor» a Jesús y declaran sumisión a su señorío, cuando en realidad no se han sometido a este.

DOS MENSAJES DIFERENTES

Espero que usted haya visto la diferencia entre la gracia predicada por Jesús y la que hemos creído. El mensaje de gracia de esta época exalta con frecuencia: «Cree en Jesús, haz la oración del pecador, confiésalo como tu Salvador y entonces entrarás en el Reino de los cielos». Existe muy poca mención a negarse a sí mismo y al mundo. Después, una vez que están en la iglesia, se dice poco del poder que la gracia nos da para vivir en santidad.

Después que las personas se convierten y se les enseña de esta manera, creen que cualquier desobediencia o vida pecaminosa está cubierta por la carta blanca de la gracia divina. ¿Podría

109

ser esta situación la razón de que en nuestras iglesias falte el fuego y el poder de Dios?

Espero que usted escuche este mensaje en el espíritu que se me ha dado. Amo al pueblo de Dios y deseo que todos prosperen como prosperan sus almas. Por consiguiente, estoy obligado a proclamar la verdad de Dios. Sé que la enseñanza y la doctrina forman una creencia y una vida en el individuo. Mi corazón se entristece por las multitudes en la iglesia que se han adormecido en estado tibio, sin el fuego de Dios.

Pablo instruyó a Timoteo: «Ten cuidado de ti mismo y de la doctrina; persiste en ello, pues haciendo esto, te salvarás a ti mismo y a los que te oyeren» (1 Timoteo 4.16). Debemos hacer caso a esta advertencia. La verdad distorsionada podría parecer buena e incluso apelar a nuestro sentido de razón, pero nos llevará al engaño.

La verdad de la Palabra de Dios lo alimentará y edificará. Lo capacitará para discernir entre el pensamiento correcto y el equivocado. La verdad distorsionada puede descalificarlo. Por eso Dios nos amonesta a dar a su Palabra toda la atención que podríamos darle de manera correcta. En este capítulo hay advertencia y ánimo. La advertencia: no permita que lo descalifiquen incorrectas doctrinas de gracia, al recibirla en vano. El ánimo: existe la fortaleza para vivir de manera santa por medio de la gracia de Dios. Ojalá que la gracia de nuestro Señor Jesucristo esté con usted.

CAPÍTULO 10

TIEMPOS PELIGROSOS

De este amor por Dios viene fuego que alimenta su pasión.
Se deleitan en obedecerle.

Seguid ... la santidad, sin la cual nadie verá al Señor. Mirad
bien, no sea que alguno deje de alcanzar la gracia de Dios.
—Hebreos 12.14-15

Sin santidad nadie verá al Señor. ¿Hemos creído de verdad estas palabras, o solo han sido una buena cita bíblica? ¿Las ha visto la Iglesia como un mandamiento, o solo como una poética declaración motivadora para ayudarnos a alcanzar un estilo de vida ideal, el cual seguramente es inalcanzable en este día y hora? Además, ¿qué querría decir el escritor de Hebreos con «mirad bien, no sea que alguno deje de alcanzar la gracia de Dios»? ¿Cómo podría alguien dejar de alcanzar la gracia de Dios que se ha enseñado en la mayoría de nuestras iglesias en los últimos veinticinco años? ¿Podría ser esta solo una afirmación «exagerada» de Dios para asustarnos y sacarnos de apuros? ¡Absolutamente no!

CREYENTES QUE NO HAN CAMBIADO

Como lo afirmé en el capítulo anterior, muchas personas han representado la gracia como el gran cubrimiento que absuelve a los creyentes de cualquier responsabilidad de caminar en obediencia y santidad. Pero también afirmé que esta creencia es bíblicamente errónea, porque dejar de alcanzar la gracia de Dios es no cami-

111

nar en su potencial. Es recibir en vano el divino don de la gracia al permanecer sin cambio.

Pablo predijo esta condición de permanecer sin cambio en muchos creyentes profesantes de estos últimos tiempos. Al describir esta época dijo que serían «tiempos peligrosos». Es interesante que se refiera a nuestros días de libertad religiosa como peligrosos cuando él fue apedreado, golpeado con palos, encadenado, encarcelado y azotado por su firme posición respecto al evangelio. No obstante, escribió que nuestra época será difícil porque muchos creyentes profesantes en el Señor Jesús seguirán amándose a sí mismos y a su dinero, y buscarán con más pasión al placer que a Dios. Algunos serán orgullosos; otros desagradecidos e incluso otros no sabrán perdonar. Habrá creyentes desobedientes e impíos y a muchos les faltará dominio propio. Otros serán testarudos.

Pablo dice que estos hombres y mujeres «tendrán apariencia de piedad, pero negarán la eficacia de ella» (véase 2 Timoteo 3.1-5). No han permitido que el poder de la gracia los cambie de amadores de dinero y placeres a amadores de Dios y el prójimo. Han permanecido impuros y recibieron en vano la gracia de Dios.

El apóstol continúa diciendo que estos «creyentes» sin cambio «siempre están aprendiendo, y nunca pueden llegar al conocimiento de la verdad» (v. 7). Hoy día hemos tenido más cristianos enseñando en Estados Unidos que en cualquier otra época de la historia y que en cualquier otra nación. Miles de millones de dólares se han gastado en comunicar el evangelio mediante libros, cintas de audio, videos, televisión, enlaces de satélite, sin mencionar los numerosos cultos y congresos eclesiásticos. Sin embargo, hemos crecido en una iglesia mundana que no se ha separado de los deseos de Egipto. ¡Pablo no describe como peligrosa a su época de persecución física sino a la nuestra con una iglesia mundana!

En cierta ocasión, almorcé con un amigo que es ministro y supe de su viaje a una nación africana de mayoría musulmana. Actualmente allí se tortura y se mata a los cristianos. Mi amigo me contó que se había reunido con hombres que habían sido torturados y a pesar de eso tenían pasión por continuar predicando el evangelio a sus paisanos. Cuando cada día iba a predicar a los creyentes pasaba por las horcas que se utilizaban para los cristianos. Dijo: «John, me pregunto ¿cuántos estadounidenses continuarían yendo a la iglesia si pasaran a diario por el lugar en que los podrían ahorcar por sus creencias?» Luego hizo un comentario que concuerda con lo que dice Pablo: «John, en Estados Unidos tenemos libertad religiosa, la cual ellos no tienen. Pero tienen libertad espiritual, que no tenemos en Estados Unidos».

Según Pablo, los peligrosos tiempos finales no llegarán por la persecución a los santos sino por la vida mundana de la Iglesia. ¿Será que hemos usado mal nuestra libertad?

En un congreso en el que yo iba a predicar me senté frente a una pastora que acababa de regresar de un viaje a un país comunista asiático. La persecución allí es tan grave que los creyentes se reúnen en secreto. Tanto el pastor que organizaba las reuniones como sus líderes habían sido arrestados muchas veces. En la cárcel continuaban predicando el evangelio a criminales encarcelados y muchos llegaron a ser salvos. Las autoridades estaban tan furiosas que colocaban al pastor y a los líderes en reclusión solitaria. El pastor había sido arrestado más de cien veces y había pasado más de diez años en prisión.

Los cultos con la pastora fueron tranquilos hasta que la policía descubrió el lugar en que se reunían. De no haber sido por sus vigías, habrían sido arrestados. Antes de separarse acordaron reunirse en un lugar remoto muy temprano la mañana anterior en que la pastora tenía planeado viajar. La mañana siguiente los cristianos la visitaron porque querían oración. Ella me dijo: «John, sentí que ellos debían haber orado por mí, no yo por ellos. Pero yo sabía que Dios honraría su fe». Al final de la última reunión el pastor comenzó a llorar. Cuando ella le preguntó la razón, él respondió que estaba preocupado por su gente.

—Me produce miedo nuestra libertad —le dijo con lágrimas en los ojos.

La pastora estaba perpleja.

—¿Por qué temes tu libertad? —replicó—. Has sido atormentado, perseguido y encarcelado muchas veces. Piensa en todo lo que podrías hacer si tu gente fuera libre.

—Temo que si tienen libertad estos hombres y estas mujeres se vuelvan materialistas y mundanos, y decaigan como algunos otros en la iglesia occidental.

¿Cómo podría ella discutir con él, viendo su devoción pura hacia Dios y hacia las personas que atendía? ¿Era esta la típica dedicación que ella encontraba en el mundo occidental? Vemos a estos santos perseguidos como si pasaran tiempos peligrosos, pero según la Biblia, ¿quién está pasando por tiempos peligrosos? Pablo dice que quienes tenemos libertad religiosa, pero al mismo tiempo tenemos una iglesia mundana, pasaremos por tiempos peligrosos.

La libertad religiosa no nos ha hecho mundanos, aunque ha creado una atmósfera para desarrollar los deseos ya existentes que han salido de nuestro interior. Nuestro verdadero problema, como el del Israel de antaño, es nuestra falta de pasión por la gloria de Dios. Y al igual que Israel, este problema es producto de nuestra atracción al placer y a nuestros apetitos carnales.

MENSAJE DE JESÚS A SU IGLESIA DE LOS ÚLTIMOS TIEMPOS

En el capítulo anterior analizamos brevemente las siete cartas del Apocalipsis con mensajes proféticos a las iglesias históricas. Muchos teólogos concuerdan en que las siete iglesias representan un patrón cronológico de la Iglesia en general, que va desde la iglesia primitiva en los primeros siglos hasta la exactamente anterior a la Segunda Venida del Señor.

Aunque no sabemos el día ni la hora de esta Segunda Venida, Jesús dice que sabremos la época. La mayoría de los eruditos concuerdan en que estamos viviendo en la época de su regreso. Por consiguiente, la exhortación a la última iglesia, Laodicea, se aplica proféticamente a nosotros: «Escribe al ángel de la iglesia en Laodicea: He aquí el Amén, el Testigo Fiel y Verdadero, el Principio de la creación de Dios» (Apocalipsis 3.14).

Jesús se llama a sí mismo el Testigo Fiel y Verdadero. «Fiel» quiere decir que es coherente y constante. «Verdadero» significa que solo habla la verdad, aunque no sea agradable. «Fiel» y «Verdadero» significa que será continuamente verdadero, sin importar cuál sea la reacción o presión.

Un falso testigo miente y adula. Le dirá a usted solamente lo que usted quiere escuchar, a expensas de lo que debe oír. Vendedores deshonestos quieren su dinero y lo tratarán bien y le dirán únicamente lo que usted quiere oír. Pero su motivo es sacar ventaja de usted. Como Iglesia hemos acogido ministros que nos han dicho lo que hemos querido oír. Quisimos escuchar solo cosas buenas y agradables con perjuicio de lo que debíamos oír.

Jesús consuela y edifica, pero no a los graves costos del abandono de la verdad que debemos escuchar. Él ama y perdona, ¡pero también castiga y corrige! Oiga sus palabras: «Yo conozco tus obras, que ni eres frío ni caliente» (Apocalipsis 3.15).

Jesús dice «obras», no «intenciones». El camino al infierno está lleno de buenas intenciones. ¿Cómo conocía Él la condición de los miembros de la iglesia en Laodicea? La respuesta es de nuevo clara: por sus obras o acciones.

Las acciones de algunos que son fríos es que están en descarada desobediencia a Dios. No pretenden ser algo que no son; están perdidos y lo saben. Saben que no están sirviendo a Dios. Sirven a otros dioses: su dinero, sus negocios, ellos mismos. Viven por el placer momentáneo, en parrandas y desorden. Esta es la vida de un pecador o de un reincidente.

Por otro lado, algunos que podemos llamar calientes son consumidos con Dios. Se han purificado de tal manera que pueden acercarse a su presencia. La santidad es su pasión; saben que sin ella no pueden ver al Señor. Jesús abarca sus corazones y sus seres. De este amor por Él viene el fuego que alimenta su pasión. Se deleitan en obedecerle. También conocen su verdadera condición.

Jesús advierte a la última iglesia que su condición no es ni fría ni caliente. Luego dice: «¡Ojalá fueses frío o caliente!» (v. 3.15).

El significado de esta declaración me fue difícil de entender por años. ¿Por qué dice Jesús a una iglesia: «Prefiero que sean fríos o calientes»? ¿Por qué no dijo: «Ojalá fueran calientes»? No habló con deshonestidad o exageración, por tanto la condición presente (de algún sitio entre frío y caliente) tiene que ser peor que fría. ¿Cómo pueden pecadores totales o reconocidos reincidentes estar en mejor posición que estos «creyentes de la iglesia»?

La respuesta de Jesús viene en su siguiente declaración: «Por cuanto eres tibio, y no frío ni caliente, te vomitaré de mi boca» (v. 16). El tibio es demasiado caliente para ser frío y demasiado frío para ser caliente. Tiene suficiente calor para pasar desapercibido con los calientes y suficiente frío para escurrirse de manera inadvertida entre los fríos. Los individuos tibios se vuelven como quienes están a su alrededor. Se pueden mezclar entre verdaderos seguidores de Jesús. Conocen la Biblia, entonan los cánticos y hacen las declaraciones correctas.

Entre seguidores del mundo, los tibios quizás no beban ni fumen, pero piensan y llevan sus vidas de manera mundana; es decir, con egoísmo. Obedecen a Dios cuando la obediencia es agradable o está de acuerdo con sus mejores intereses. Sin embargo, están realmente motivados por sus propios deseos.

Jesús dice: «Te vomitaré de mi boca». ¿Por qué escogió esta analogía gráfica? Vomitamos lo que no puede asimilar el cuerpo. Cierto día, hace años, mi segundo y mi tercer hijo pidieron hamburguesas en el almuerzo. Una hora después los dos habían vomitado su almuerzo, que había sido preparado con carne descompuesta. Sus cuerpos lo rechazaron porque era algo peligroso de asimilar. Las hamburguesas «malas» se parecían a las «buenas» que habían comido en otras ocasiones. Jesús está diciendo en realidad: «Vomitaré de mi cuerpo a quienes dicen pertenecerme, pero no me pertenecen».

Ni los fríos ni los calientes están engañados en su relación con Dios, pero los tibios son individuos engañados. Piensan que su condición es diferente de lo que en verdad es. Piensan que le pertenecen a Jesús. Por eso podría irles peor a ellos que a los pecadores conscientes. Estos últimos saben que no están sirviendo a Dios; en consecuencia son fáciles de alcanzar. Las personas tibias piensan que están sirviendo a Dios. Confiesan salvación por gracia pero han caído de la mismísima gracia de Dios que confiesan. Son mucho más difíciles de alcanzar.

Si las personas piensan que son salvas, no ven la necesidad de salvación. Jesús continúa detallando su verdadera condición: «Porque tú dices: Yo soy rico, y me he enriquecido, y de ninguna cosa tengo necesidad; y no sabes que tú eres un desventurado, miserable, pobre, ciego y desnudo» (v. 17).

Los miembros de esta iglesia se jactaban de su riqueza y falta de necesidad. Se conformaron a sí mismos con lo que creían que eran bendiciones de Dios. ¿Podría esto ser una figura de la iglesia estadounidense? ¿Hemos utilizado nuestra libertad y riqueza para realzar nuestro servicio a Dios? ¿O hemos permitido que nuestra libertad y riqueza nos engañen? Esto último es lo que ha ocurrido con la mayoría de las iglesias occidentales.

Sin embargo, en la iglesia occidental he conocido personas fieles con pasión ardiente por Dios, que han buscado santidad. Son la minoría, no la mayoría. Son verdaderos soldados que han visto el campo de batalla y conocen al enemigo. Su pasión es evidente por sus frutos, no solo por sus palabras.

Jesús declara a los tibios de la iglesia: «Os aconsejo que de mí compres oro refinado en fuego, para que seas rico, y vestiduras blancas para vestirte, y que no se descubra la vergüenza de tu desnudez; y unge tus ojos con colirio, para que veas» (v. 18).

El Señor pone énfasis en comprar algo de Él que obviamente no se obtiene por el simple reconocimiento de su Señorío. Recuerde que la Iglesia profesaba salvación en su nombre. Sin embargo les faltaba algo que se espera que posean los verdaderos creyentes. Pero, ¿cómo compramos algo de Jesús?

Dios dice en Proverbios 23.23: «Compra la verdad y no la vendas». También dice por medio del profeta Isaías:

A todos los sedientos: Venid a las aguas; y los que no tienen dinero, venid, comprad y comed. Venid, comprad sin dinero y sin precio, vino y leche (Isaías 55.1).

Como en la declaración de Jesús, el enfoque está en comprar algo que el dinero no puede comprar.

Jesús habla del Reino de los cielos a sus discípulos: «El reino de los cielos es semejante a un mercader que busca buenas perlas, que habiendo hallado una perla preciosa, fue y vendió todo lo que tenía, y la compró» (Mateo 13.45-46). Para comprar esta valiosa perla, que representa al Reino, la persona tuvo que vender todo lo que tenía. En otras palabras, dar toda su vida para servirle a Él y a su causa, sin retener nada para usted; vivir completamente para Él. Pablo lo expresó de esta manera: «Por todos murió, para que los que viven, ya no vivan para sí, sino para aquel que murió y resucitó por ellos» (2 Corintios 5.15).

LAS PRUDENTES Y LAS INSENSATAS

Este punto también lo ilustran algunas otras parábolas de Jesús. Una de ellas está en Mateo 25.1-12. El Reino de los cielos se compara con diez vírgenes que tomaron sus lámparas y salieron a encontrar a su esposo, Jesús. Todas ellas eran vírgenes y lo llamaban «Señor». Todas tenían lámparas, las cuales hablan de luz, y representan a quienes han recibido el don de la vida eterna. Todas estaban esperando ir con Él en su Segunda Venida. Él no está hablando de quienes no han oído el evangelio o que nunca reconocieron creer en Él. Es decir, ¡no está hablando de los fríos!

De las diez vírgenes, cinco eran prudentes y cinco insensatas. La proporción es significativa. Jesús está analizando una porción considerable de la Iglesia.

¿Qué distinguía a las prudentes de las insensatas? Estas últimas solo tenían sus lámparas. Las prudentes tenían vasijas con aceite de reserva para mantener sus lámparas ardiendo continuamente. A medianoche se oyó el grito de que llegaba el esposo y las vírgenes salieron a encontrarse con él. Pero las lámparas de las insensatas se estaban apagando. Inmediatamente dijeron a las prudentes: «Dadnos de vuestro aceite; porque nuestras lámparas se apagan» (v. 8).

Las prudentes contestaron: «Para que no nos falte a nosotras y a vosotras, id más bien a los que venden, y comprad para vosotras mismas» (v. 9).

He escuchado a muchos ministros hablar de esta parábola, sin embargo sentía que no la había conectado con el verdadero significado. Entonces una mañana, mientras oraba al aire libre en un lugar remoto, grité fervientemente: «Señor, ¡ayúdame por favor a comprender esta parábola!»

Ese mismo día Dios me mostró que la clave de la parábola está en las palabras de las prudentes a las insensatas: «Id más bien a los que *venden*, y *comprad* para vosotras mismas». Imagine esto: diez vírgenes, cinco prudentes y cinco insensatas, caminan hacia una tienda. Cada una de las insensatas va hacia el mostrador, saca algo de dinero y dice al tendero: «Déme una de esas lámparas. Quiero ser salva. No quiero ir al infierno. Quiero las bendiciones de Dios». Cada una deja el mostrador con una lámpara ardiendo y dice: «Gracias Dios, ¡soy salva!»

Las prudentes van hacia el mostrador y sacan de sus bolsillos todo su dinero. Han liquidado todas sus posesiones y han llevado el dinero junto con sus ahorros. Dicen al tendero: «Esto representa todo lo que tengo, cada centavo que valgo. ¡No tengo nada más! Déme por favor esa lámpara, y use cada centavo que sobre para adquirir todo el aceite que pueda comprar». Cada una se aleja con una lámpara y una gran vasija llena de aceite para la lámpara.

La diferencia es que las prudentes dieron toda su vida y las insensatas dieron solamente lo que pensaban que era necesario para salvarse. Se guardaron para sí parte de su vida. Aunque salieron con una lámpara que ardía y cuya luz se podía ver, esta no persistiría hasta el fin. En la parábola, sus lámparas comenzaron a apagarse a medianoche. En el momento más oscuro, cuando la tribulación llega a su máximo, ellas ya no pueden resistir. Por eso

Jesús dice con frecuencia: «El que persiste hasta el fin será salvo».

Las vírgenes insensatas salieron inmediatamente a comprar, pero el novio llegó cuando estaban ausentes. Las prudentes que estaban listas fueron con él a las bodas y la puerta se cerró. Al volver, las insensatas gritaron: «¡Señor, señor, ábrenos!» (v. 11). Pero él les respondió: «De cierto, de cierto os digo, que no os conozco» (v. 12).

El Señor expresa de nuevo: «No os conozco» a quienes confiesan su señorío. Los tibios no han entregado íntegramente sus vidas. Estas palabras de Jesús seguramente se aplica a ellos: «El que no toma su cruz y sigue en pos de mí, no es digno de mí» (Mateo 10.38).

¿Por qué en Estados Unidos hemos creído un evangelio que nos ha dado las provisiones del poder de resurrección sin la cruz? Este evangelio nos ha llevado a un estado tibio. Nos ha robado el fuego de Dios que necesitamos que arda en nuestros corazones. ¿Hemos buscado la vida entre la muerte? Hemos olvidado sus palabras, que afirman claramente: «Todo el que quiera salvar su vida, la perderá; y todo el que pierda su vida por causa de mí, la hallará» (Mateo 16.25).

CAPÍTULO 11

ORO, VESTIDURAS Y COLIRIO

La obra de santidad es un esfuerzo cooperativo entre Dios y nosotros.

Yo te aconsejo que de mí compres oro refinado en fuego, para que seas rico, y vestiduras blancas para vestirte, y que no se descubra la vergüenza de tu desnudez; y unge tus ojos con colirio, para que veas.
—*Apocalipsis 3.18*

Jesús insta a quienes les falta un corazón ardiente por Él que compren tres cosas: oro, vestiduras blancas y colirio para los ojos. Veámoslas por separado:

ORO REFINADO POR FUEGO

El profeta Malaquías nos dice que en los días postreros el Señor vendrá a su Iglesia como un fuego purificador, «y se sentará para afinar y limpiar la plata; porque limpiará a los hijos de Leví, los afinará como a oro y como a plata, y traerán a Jehová ofrenda en justicia» (Malaquías 3.3).

Leví se refiere proféticamente al «real sacerdocio» (1 Pedro 2.9), el cual, como ya analizamos, es la Iglesia. Este profeta no tenía la terminología neotestamentaria. No pudo decir: «Limpiará a los cristianos», porque ese término aun no se había dado. Puesto que Dios compara el refinamiento de este sacerdocio con el proceso de refinación para el oro y la plata, debemos compren-

121

der las características de estos dos metales y cómo se refinan. Jesús se enfoca en el oro, y nosotros también lo haremos.

El oro al natural está distribuido ampliamente, pero siempre en pequeñas cantidades. Rara vez se encuentra en estado puro. En su más pura forma es suave, maleable y libre de corrosión y otras sustancias. Cuando se mezcla con otros metales (como cobre, hierro y níquel), se vuelve más duro, menos maleable y más corrosivo. A esta mezcla se le llama aleación. Mientras más elevado sea el porcentaje de cobre, hierro o níquel, más duro se vuelve el oro. Por el contrario, a menor porcentaje de aleación es más suave y flexible.

Vemos inmediatamente el paralelo de Jesús: un corazón puro ante Dios es como oro puro, el cual se ha refinado. Un corazón puro es suave, blando y maleable. Pablo advierte que el corazón se endurece por el engaño del pecado (Hebreos 3.13). El pecado, que es desobediencia a los caminos o a la autoridad de Dios, es la sustancia agregada que convierte nuestro oro puro en una aleación, endureciendo nuestros corazones. Esta falta de blandura crea una pérdida de sensibilidad, la cual a su vez bloquea nuestra capacidad de escuchar a Dios. Por desgracia, muchos en la Iglesia tienen cierta forma de piedad sin un corazón blando. Sus corazones ya no arden por Jesús. Han reemplazado tal amor candente hacia Dios con un amor frígido por sí mismos, que solo busca su propio placer, consuelo y beneficio. Al tomar la piedad como medio de ganancia (véase 1 Timoteo 6.5), buscan únicamente los beneficios de las promesas y excluyen al Prometedor. Engañados, se deleitan con el mundo, esperando recibir también el cielo. Estos son los tibios dentro de la iglesia. Sin embargo, Santiago advierte que el cristianismo puro es «guardarse sin mancha del mundo» (Santiago 1.27). Jesús viene por una Iglesia gloriosa, sin manchas ni arrugas (véase Efesios 5.27), ¡una Iglesia cuyo corazón no esté contaminado por el sistema del mundo!

Otra característica del oro es su resistencia al óxido o a la corrosión. Aun cuando otros metales se manchan como resultado de cambios atmosféricos, estos cambios en la atmósfera no manchan el oro puro. Aunque el latón (una aleación de cobre y zinc) se parece al oro, no se comporta como el oro. El latón se mancha fácilmente. Tiene apariencia de oro sin poseer su carácter. Mientras más grande sea el porcentaje de sustancia extraña en el oro, más susceptible es a la corrosión y la corrupción.

Actualmente, el sistema del mundo se ha filtrado en la Iglesia. Se nos han infiltrado sus costumbres y estamos manchados. Nuestros valores en la iglesia occidental están contaminados con lo mundano. Hemos perseguido nuestros apetitos carnales y los hemos llamado bendiciones de Dios. Pensando que somos ricos en tales bendiciones, nos hemos vuelto insensibles y no nos damos cuenta de nuestra necesidad de purificación.

Malaquías muestra que Jesús refinará a su Iglesia y la purgará de la influencia mundana, de la misma manera que un refinador purifica el oro. En el proceso de refinación, el oro es pulverizado y luego mezclado con una sustancia llamada fundente. Uno y otro se colocan en un horno, para ser fundidos por un fuego intenso. El fundente separa las impurezas y las saca a la superficie. El oro, que es más pesado, permanece en el fondo. Entonces se remueven las impurezas, o escorias (como cobre, hierro o zinc, combinados con el fundente).

Escuche lo que Dios dice por medio del profeta Isaías: «He aquí te he purificado, y no como a plata [u oro]; te he escogido en horno de aflicción» (Isaías 48.10). El horno que Él usa para refinarnos son las aflicciones, dificultades o sufrimientos, no un literal fuego físico como el usado para refinar la plata o el oro. Pedro lo afirma así:

> En lo cual vosotros os alegráis, aunque ahora por un poco de tiempo, si es necesario, tengáis que ser afligidos en diversas pruebas, para que sometida a prueba vuestra fe, mucho más preciosa que el oro, el cual aunque perecedero se prueba con fuego, sea hallada en alabanza, gloria y honra cuando sea manifestado Jesucristo (1 Pedro 1.6-7).

El fuego del Señor para refinar es el sufrimiento y la tribulación. Su calor separa nuestras impurezas del carácter de Dios en nuestras vidas.

Crecí en una iglesia denominacional cuya enseñanza era que lo único necesario para salvarse era ser rociado con agua cuando la persona era un bebé, asistir a los servicios religiosos y guardar las leyes de la iglesia. Cuando fui salvo en mi fraternidad universitaria en 1979 me dirigieron casi de inmediato a una iglesia independiente, especializada en las bendiciones de Dios. Ni en esta ni en mi antigua iglesia denominacional se enseñaba la santidad.

Dios comenzó en 1985 a tratar conmigo en oración acerca de la necesidad de pureza, lo cual produjo hambre en mi vida. Con fervor le pedí al Señor que purificara mi vida. Me respondió después de varios meses. En diciembre de ese año me dijo que me enseñaría cómo negarme a mí mismo, tomar mi cruz y seguirle. Me mostró que estaba haciendo una obra santificadora en mi vida.

—¡Dios va a remover todas mis impurezas! —le dije emocionado a mi esposa.

Procedí a contarle a ella todas las cosas indeseables que Dios quitaría. La mayoría eran excesos, como patrones de comida insaciables, demasiada televisión y mucho enfoque en la diversión. Sin embargo nada sucedió en los tres meses siguientes. A decir verdad, las cosas empeoraron. Era como si me hubiera vuelto doblemente carnal.

—¿Por qué mis malos hábitos se empeoran en vez de mejorar? —le pregunté al Señor.

—Hijo —me respondió—, te dije que te iba a purificar. Tú lo has estado intentando con tus propias fuerzas. Ahora lo haré a mi manera.

A partir de ese momento pasé por aflicciones muy intensas que nunca antes había experimentado. En estas circunstancias me parecía que Dios se encontraba a millones de kilómetros de distancia, pero no era así. Salieron a la superficie defectos de personalidad escondidos anteriormente. La raíz de esos defectos se podría resumir en una palabra: *¡Egoísmo!* Era duro y grosero con mis seres queridos. A veces gritaba a mi esposa e hijos sin ninguna razón. Me quejaba de casi todo. No era una persona agradable. Era poco cariñoso con mi familia, mis amigos y mi pastor, y los trataba como si fueran la razón de la aflicción de mi alma. Comenzaron a hacerme a un lado debido a mi conducta y mis actitudes.

—¿De dónde viene toda esa sed? ¡Antes no la tenía! —le grité finalmente al Señor.

Dios me mostró en la Biblia sus palabras sobre la purificación.

—Hijo —contestó luego a mi cuestionamiento—, para purificar el oro se le coloca en un horno muy caliente, y el fuego intenso hace que se vuelva líquido. Cuando esto ocurre, las impurezas aparecen en la superficie.

El Señor me hizo ver mi aro de bodas. Es de oro de catorce quilates, lo que significa que catorce de las veinticuatro partes son de oro, pero diez partes son de otros metales. Por lo tanto es aproximadamente un sesenta por ciento de oro.

—¿Te parece que ese anillo es de oro puro? —me preguntó después.

—Sí —respondí.

—Pero no es oro puro, ¿verdad? —dijo.

—No, Señor _repliqué.

—No puedes ver las impurezas en el oro antes de someterlo al fuego, pero eso no significa que no estén allí —continuó.

—Sí, Señor —respondí, comprendiendo que estas preguntas cambiarían mi vida.

—Cuando pongo mi fuego debajo de ti, esas impurezas salen a la superficie; aunque escondidas para ti, son visibles para mí. Ahora es tuya la decisión; tu reacción a lo que has sido expuesto determinará tu futuro. Puedes permanecer enojado y culpando de tu situación a tu esposa, a tus amigos, a tu pastor o a las personas con quienes trabajas, permitiendo por lo tanto que permanezcan las impurezas por la justificación de tu comportamiento. Estas se esconderán de nuevo cuando los sufrimientos disminuyan. La alternativa es que veas tu condición tal como es, te arrepientas y pidas perdón; entonces tomaré mi cucharón y removeré esas impurezas de tu vida.

Esta declaración impactó mi corazón como una bomba. Dios no quita las impurezas contra nuestra voluntad. Pablo lo sabía, y nos insta: «Limpiémonos de toda contaminación de carne y de espíritu, perfeccionando la santidad en el temor de Dios» (2 Corintios 7.1). Además le escribió a Timoteo sobre este tema:

Apártese de iniquidad todo aquel que invoca el nombre de Cristo. Pero en una casa grande, no solamente hay utensilios de oro y de plata, sino también de madera y de barro; y unos son para usos honrosos, y otros para usos viles. Así que, si alguno se limpia de estas cosas, será instrumento para honra, santificado, útil al Señor, y dispuesto para toda buena obra (2 Timoteo 2.19-21).

La obra de santidad es un esfuerzo conjunto entre Dios y nosotros. Él suministra la gracia, pero nosotros debemos estar dispuestos a pedir su purificación. Entonces cuando Él comienza el proceso debemos cooperar mediante la humillación y la obediencia. En mi vida solo podía ver los excesos externos de glotonería, televisión, diversión, etc. Sin embargo, Dios podía ver las raíces más profundas, y después de tratar con ellas, las otras se volvieron a alinear. La purificación es un proceso constante, continuo y con frecuencia doloroso, pero le di la bienvenida al saber su resultado.

Otra característica del oro, en su más puro estado, es su transparencia: «La calle de la ciudad era de oro puro, transparente como vidrio» (Apocalipsis 21.21). ¡Usted se vuelve transparente cuando es purificado por grandes sufrimientos! Una vasija transparente no se da gloria a sí misma sino que glorifica lo que contiene. Mientras más refinados seamos, más claramente puede ver el mundo a Jesús en nosotros. ¡Aleluya!

David, quien tenía un corazón dispuesto hacia Dios, clamó: «¿Quién podrá entender sus propios errores? Líbrame de los que me son ocultos» (Salmos 19.12). Dejemos que este sea nuestro clamor. Si pedimos a Dios que purifique nuestros corazones, Él quitará las impurezas ocultas a nuestros ojos. Aunque tal vez nosotros no conozcamos nuestros más ocultos pensamientos e intenciones, Dios sí los conoce. La refinación fortalece lo que ya es bueno y limpia o quita lo que debilita o corrompe. Por esta razón Jesús aconseja a la iglesia moderna que compre oro refinado en el fuego que nos puede hacer ricos, no con lo que el mundo persigue sino con lo que durará eternamente.

VESTIDURAS BLANCAS

Después de recomendar a esta iglesia que compre oro refinado, Jesús aconseja que de Él compre vestiduras blancas para que no se descubra su desnudez. Dios exhorta a Israel en términos similares cuando Isaías clama:

Despierta, despierta, vístete de poder, oh Sion; vístete tu ropa hermosa, oh Jerusalén, ciudad santa (Isaías 52.1).

Sion es una representación de la Iglesia. Dios no dice: «Te vestiré con ropa hermosa», sino «vístete con tu ropa hermosa». Pablo insta a la Iglesia de una manera similar: «Vestíos del Señor Jesucristo, y no proveáis para los deseos de la carne» (Romanos 13.14). Estas declaraciones se ofrecen porque nadie podrá acercarse a Dios sin estas vestiduras blancas (véase Apocalipsis 7.9). Sin embargo, el punto clave es que debemos ponérnoslas.

Repito que la gracia de Dios nos da los recursos para comprar esas vestiduras. No podríamos tenerlas por nosotros mismos, porque todas nuestras justicias son trapos de inmundicia (Isaías 64.6). Pero el mismo profeta dice:

En gran manera me gozaré en Jehová, mi alma se alegrará en mi Dios; porque me vistió con vestiduras de salvación, me rodeó de manto de justicia, como a novio me atavió, y como a novia adornada con sus joyas (Isaías 61.10).

El Señor da las vestiduras de salvación y las joyas para usar; nosotros mismos no las podríamos haber proporcionado. Sin embargo, vuelvo a insistir en que esas provisiones se pueden recibir en vano. La novia se debe adornar por sí misma.

Considere este ejemplo: A una mujer pobre se le pide que se case con el hijo de un gran rey. Ella está arruinada y no tiene medios de obtener dinero con el fin de prepararse para la boda. Solo tiene andrajos y está claro que no se le permitirá entrar a la corte real sin el atavío adecuado. En su gran amor, el hijo del rey le da lo necesario para que compre un hermoso vestido y joyas para la boda; pero ella lo gasta en sus propios placeres. Para este gran rey y su hijo es un insulto el que ella llegue a la boda sin el atavío adecuado. Gentilmente le dieron los recursos para obtener la vestimenta, pero ella recibió la provisión en vano. No se preparó para la boda.

Si la mujer hubiera usado lo que le dio el príncipe para comprarse su vestido de novia, se habría vanagloriado en el rey. Habría declarado: «Él me vistió con este vestido de bodas». Se habría vestido gracias al regalo que él le hizo. Habría sido la provisión completa de él. Sin embargo, ella habría tenido que alistarse, comprar el traje de bodas y vestirse.

Este ejemplo se relaciona íntimamente con nuestra preparación como Iglesia para el regreso de nuestro Novio. Juan describe la escena que vio y oyó:

Gocémonos, alegrémonos y démosle gloria; porque han llegado las bodas del Cordero, y su esposa se ha preparado. Y a ella se le ha concedido que se vista de lino fino, limpio y resplandeciente; porque el lino fino es las acciones justas de los santos (Apocalipsis 19.7-8).

La palabra griega que se traduce «acciones justas» en el versículo 8 es *dikaioma*. El diccionario Strong la define como «un hecho equitativo». Según el diccionario Vine, esta palabra significa «una acción de justicia, una expresión concreta de justicia». Dios nos ha dado su gracia para producir obras de justicia. Según la Biblia, estas acciones compran las vestiduras blancas con que nos vestiremos para la fiesta de bodas. Sin embargo, ¿hemos recibido en vano su gracia? Si nuestras obras de justicia producen nuestros vestidos de bodas, ¡entonces muchos de nosotros nos encontraremos casi desnudos! La mayor parte de los miembros de la iglesia occidental no tienen suficientes obras para una minifalda, ¡mucho menos para un vestido de bodas! Esto explica y confirma de nuevo la valiente declaración de Santiago (expresada como una pregunta): «¿Quieres saber, hombre vano, que la fe sin obras es muerta?» (Santiago 2.20). ¿Cómo hemos perdido la visión de esta verdad en la iglesia occidental moderna?

Santiago da dos ejemplos que ilustran la verdadera fe: «¿No fue justificado por las obras Abraham nuestro padre, cuando ofreció a su hijo Isaac sobre el altar?» Alguien podría decir: «Creo que fuimos justificados por fe». Lo somos. Pero no por la fe ni la gracia que se han enseñado en el mundo occidental durante la última parte del siglo veinte. La fe no es real a menos que hayan las obras correspondientes, y sin la gracia de Dios no podría haber obras correspondientes. Santiago continúa:

¿No ves que la fe actuó juntamente con sus obras, y que la fe se perfeccionó por las obras? Y se cumplió la Escritura que dice: Abraham creyó a Dios, y le fue contado por justicia, y fue llamado amigo de Dios. Vosotros veis, pues, que el hombre es justificado por las obras, y no solamente por la fe (Santiago 2.21-24).

En la segunda ilustración, Santiago escribe: «Asimismo también Rahab la ramera, ¿no fue justificada por obras, cuando recibió a los mensajeros y los envió por otro camino? Porque como el cuerpo sin espíritu está muerto, así también la fe sin obras está muerta» (vv. 25-26).

La fe de ninguna manera es fe a menos que esté acompañada por obras. Podemos proclamar nuestra fe, como lo hacía la iglesia de Laodicea, pero ¿tenemos las obras correspondientes que la confirman?

Veamos dos parábolas que Jesús relata inmediatamente después de la de las diez vírgenes. Recuerde que la característica de esta parábola es que las insensatas no dieron sus vidas íntegras y sin embargo aun llamaban «Señor» a Jesús. A estas se les negó la entrada a la boda.

La parábola que sigue a continuación trata de un hombre rico que emprende un largo viaje. Este hombre representa a Jesús. Reunió a sus siervos y les dio dinero para que lo invirtieran por él mientras estaba fuera. Les dio diferentes cantidades, según sus capacidades, y partió. Dos de los siervos trabajaron de manera diligente y duplicaron lo que se les dio. El tercero, a quien se le entregó la menor cantidad, cavó un hoyo en la tierra y escondió el dinero de su amo. No utilizó lo que le fue confiado; lo recibió en vano.

Después de mucho tiempo el señor regresó de su viaje y llamó a los tres siervos para pedirles cuentas de lo que habían hecho. Alabó y recompensó a los dos primeros, quienes trabajaron diligentemente con lo que se les había confiado. Entonces el siervo que recibió menos, pero lo escondió, dijo: «Señor, sé que eres un hombre duro, que esperas algo a cambio de nada, así que me asusté y escondí tu dinero en la tierra. Aquí lo tienes» (paráfrasis del autor). El amo respondió: «Siervo malo y negligente» (Mateo 25.26).

El Señor dice «siervo». No usa calificativos como *pagano*, *advenedizo*, *extranjero* o *enemigo*. Enemigos son quienes no han recibido su gracia (véase Romanos 5.10). Extranjeros o advenedizos son los no salvos (véase Efesios 2.19). Paganos son los que no creen en Dios. A este hombre no se refirió con ninguno de estos nombres sino como al siervo del señor. Jesús entonces señaló esto para todos: «Al que tiene, le será dado, y tendrá más; y al que no tiene, aun lo que tiene le será quitado» (Mateo 25.29).

El juicio del amo sobre los tres siervos está en cómo utilizó cada uno lo que se le había confiado. El juicio no tuvo que ver con si creían o no que él existía. Por supuesto, el tercer siervo creía en la existencia de su señor, porque había recibido de él. También sabía que su señor regresaría, porque escondió el dinero. Sin embargo, vivió con una actitud no acorde con el regreso del amo. No redimió el tiempo; no hizo acciones de justicia. Su señor pronunció este juicio sobre su perezoso servidor: «Al siervo inútil echadle en las tinieblas de afuera; allí será el lloro y el crujir de dientes» (Mateo 25.30).

Aunque esta parábola se desarrolla en términos de invertir dinero y no obtener vestiduras, se aplica el mismo principio: la escasez de obras de obediencia. El juicio pronunciado sobre el siervo perezoso se correlaciona con el juicio del cual Jesús advierte a la iglesia en Laodicea. Está desnuda porque eran tibias sus obras (no porque no creyeran en la existencia de Él).

La parábola siguiente de Jesús se relaciona con el juicio final en que juzgará a todas las personas. Las separará como un pastor separa las ovejas de los cabritos.

El Rey dirá a los de su derecha [ovejas]: Venid, benditos de mi Padre, heredad el reino preparado para vosotros desde la fundación del mundo. Porque tuve hambre, y me disteis de comer; tuve sed, y me disteis de beber; fui forastero, y me recogisteis; estuve desnudo, y me cubristeis; enfermo, y me visitasteis; en la cárcel, y vinisteis a mí. Entonces los justos le responderán diciendo: Señor, ¿cuándo te vimos hambriento, y te sustentamos, o sediento, y te dimos de beber? ¿Y cuándo te vimos forastero, y te recogimos, o desnudo, y te cubrimos? ¿O cuándo te vimos enfermo, o en la cárcel, y vinimos a ti? Y respondiendo el Rey, les dirá: De cierto os digo que en cuanto lo hicisteis a uno de estos mis hermanos más pequeños, a mí lo hicisteis (Mateo 25.34-40).

Jesús no solo encara la enfermedad, el hambre o la prisión física. También habla de la debilidad espiritual. En la mayor parte de su ministerio se encargó espiritualmente de las personas pobres. Dio de comer a los hambrientos espirituales (véase Mateo 5.6). Dio de beber a los sedientos espirituales (vease Juan 4.10). A los enfermos y presos les dijo:

El Espíritu del Señor está sobre mí, Por cuanto me ha ungido para dar buenas nuevas a los pobres; Me ha enviado a sanar a los quebrantados de corazón; A pregonar libertad a los cautivos, Y vista a los ciegos; A poner en libertad a los oprimidos (Lucas 4.18).

Si en la parábola Jesús se hubiera referido solo a las obras físicas, entonces los doce apóstoles no habrían dicho a la iglesia: «No es justo que nosotros dejemos la Palabra de Dios, para servir a las mesas» (Hechos 6.2). Esto de ningún modo significa menospreciar el cuidado de los pobres o débiles; ambas son importantes.

El punto clave es hacer las obras de Jesús. Él es nuestro Maestro y Señor, sin embargo no vino a ser servido o a vivir en deleites. ¡Vino a servir y a dar su vida en rescate por muchos (véase Mateo 20.28)! Los justos recompensados en la parábola fueron quienes dieron sus vidas por servir en lugar de Jesús. Sus obras eran calientes, no tibias.

Entonces [el Rey] dirá también a los de la izquierda: Apartaos de mí, malditos, al fuego eterno preparado para el diablo y sus ángeles. Porque tuve hambre, y no me disteis de comer; tuve sed, y no me disteis de beber; fui forastero, y no me recogisteis; estuve desnudo, y no me cubristeis; enfermo, y en la cárcel, y no me visitasteis. Entonces también ellos le responderán diciendo: Señor, ¿cuándo te vimos hambriento, sediento, forastero, desnudo, enfermo, o en la cárcel, y no te servimos? Entonces les responderá diciendo: De cierto os digo que en cuanto no lo hicisteis a uno de estos más pequeños, tampoco a mí lo hicisteis. E irán estos al castigo eterno, y los justos a la vida eterna (Mateo 25.41-46).

La única diferencia entre los dos grupos de esta parábola es lo que hicieron y lo que no hicieron. En otras palabras, la única diferencia fueron sus obras. Los que recibieron recompensa actuaron en la gracia que se les dio y produjeron acciones de justicia. Las personas que fueron juzgadas salieron de dos segmentos (los paganos y los siervos), pero no hicieron nada con la gracia que recibieron. No produjeron acciones de justicia; recibieron en vano la gracia de Dios.

En ocasiones hago preguntas a grandes congregaciones en Estados Unidos y recibo respuestas descorazonadoras. Por ejemplo, pido que se pongan de pie todas las madres solteras (que son muchas) y les pregunto: «¿Cuán a menudo, después del culto dominical, se acercan a ustedes personas de la iglesia y les hacen esta invitación: ¿Podrían tú y tus hijos venir hoy a comer en nuestra casa? Sabemos que tus hijos no tienen padre y necesitan ver el ejemplo piadoso de uno?» Las respuestas más positivas han sido dos en una congregación de casi mil personas.

Continúo: «Si se daña la lavadora de ropa o cualquier otro artefacto necesario, ustedes llaman a una de las familias de esta iglesia, piden ayuda y ese día los hermanos se ofrecen a ayudarles, ¿verdad?» Ellas me miran, desconcertadas, algunas con lágrimas en los ojos porque mencioné las presiones que afectan sus vidas. La respuesta esta vez tampoco es positiva. Otras preguntas básicas sobre ser solícitos tienen la misma respuesta.

Hago hincapié en que tal preocupación no es responsabilidad de sus pastores. La responsabilidad de ellos es «perfeccionar a los santos para la obra del ministerio, para la edificación del Cuerpo de Cristo» (Efesios 4.12).

Luego cambio de tema y pregunto a toda la congregación: «¿Cuántos de ustedes en esta iglesia pertenecen al ministerio a las prisiones?» Quizás respondan de cinco a ocho personas en una congregación grande. Recibo la misma respuesta cuando pregunto: «¿Cuántos visitan los hospitales y asilos de ancianos?» También recibo la misma respuesta cuando pregunto: «¿Cuántos salen a las calles con los grupos de evangelización que llevan la Palabra de Dios?» La razón de tan baja respuesta es que el ochenta por ciento de los miembros en la mayoría de las congregaciones viven básicamente para ellos y sus familiares inmediatos. ¡Pero los incrédulos hacen los mismo!

Por otra parte, casi todos los que no respondieron, habrían asistido a un culto de milagros o al culto de un «profeta» que les vaticinará que van a tener éxito en los negocios o en un gran ministerio. Conducirán kilómetros para asistir a un culto con doble porción de la unción o a una reunión de avivamiento. ¿Por qué? Probablemente no para servir a Jesús de manera más eficaz sino para aprender acerca de los beneficios para sí mismos.

Hace poco vi a un popular evangelista de televisión que predicaba a una enorme multitud acerca de la unción. Hablaba del precio de la unción mientras las personas escuchaban atentamente. No era difícil detectar su pasión por el poder de Dios. Algunos incluso estaban de pie y lo miraban con fuego en sus ojos. Sin embargo, sentí tristeza en mi espíritu, que fue confirmada cuando un hombre colocó un cheque en las manos del evangelista. Era una «ofrenda». Pensé en Pedro, cuando le ofrecieron dinero por la unción, como se relata en el libro de los Hechos. Descansé cuando vi que el evangelista devolvía el cheque al hombre.

Inmediatamente fui a un lugar apartado para orar.

—Señor —cuestioné—, sentí tristeza. Creo saber por qué, pero espero que tú me lo expliques.

—John —habló en mi corazón su suave voz—, ellos están apasionados por mi poder, pero por razones erróneas. El poder puede hacer sentir importantes a las personas. Les da autoridad y aceptación, o los lleva a la riqueza. No desean servir sino triunfar.

En mi mente titilaron las palabras de Jesús a la multitud frente a Él en el día del juicio. Ellos profesaban su señorío, validado por el hecho de que habían hecho milagros, habían echado fuera demonios y habían profetizado en su nombre. Él se volvió hacia ellos y les dijo: «¡Apártense de mí, ustedes que no hicieron la voluntad de mi Padre!» (Mateo 7.21-23, paráfrasis del autor).

—John —continuó el Señor—, ellos no dicen: «Señor, Señor, en tu nombre visitamos a los encarcelados, alimentamos a los hambrientos y vestimos a los desnudos».

—No, no lo dicen —concordé moderadamente.

134

De esto pude ver dos grupos de personas que componen una gran porción de la iglesia. Unos, el grupo más grande de los dos, llegan a la iglesia, pero viven en busca del éxito en el mundo. Los otros llegan a la iglesia en busca del éxito en el ministerio. Un grupo mucho más pequeño se compone de quienes arden apasionadamente por agradar a Jesús con corazón puro, sirviendo a su pueblo y alcanzando a los perdidos.

¿Puede usted ver las peligrosas costumbres de nuestra iglesia occidental? ¿Qué clase de vestiduras tienen muchos que asisten a nuestras iglesias, escuchan un sermón una o dos veces por semana y luego salen y viven para sí mismos el resto de la semana? La única manera de acercar a estos «creyentes» al servicio es atraerlos con una bendición que los beneficie de manera egoísta. Ellos consumen sus mejores energías y esfuerzos en perseguir su propia recompensa y ganancia. La mayoría conocen y dicen las cosas correctas para parecer bondadosos, pero no viven para el Maestro. ¿Qué harán el día del juicio cuando se les llame a rendir cuentas de la gracia que se les ha dado? ¿Estarán desnudos o vestidos con acciones (puras) de justicia?

Pablo clama:

Por tanto procuramos también, o ausentes o presentes, serle agradables. Porque es necesario que todos nosotros comparezcamos ante el tribunal de Cristo, para que cada uno reciba según lo que haya hecho mientras estaba en el cuerpo, sea bueno o sea malo (2 Corintios 5.9-11).

¿Hemos considerado el temor del Señor? ¿Nos mofamos de su santidad por nuestras visiones triviales de su juicio? ¿Hemos confiado en palabras poco sólidas y vacías? Esto nos lleva al tercer aspecto de lo que Jesús dice a los tibios que compren de Él.

COLIRIO PARA LOS OJOS

Después de aconsejar a la iglesia que compre oro refinado y vestiduras blancas, Jesús les advirtió que compraran de Él colirio para los ojos y así lo pudieran ver. El colirio era un bálsamo ocular compuesto de varios elementos que se aplicaba a los párpados con algunos propósitos. La escuela médica de Laodicea era famosa por el bálsamo.

Puesto que las personas de la ciudad conocían el colirio, Jesús lo utilizó para hacer entender la idea de que la iglesia necesitaba sanar su ceguera espiritual. Aunque era una iglesia histórica, tiene aplicación profética. Muchos eruditos creen que se aplica en especial al período exactamente anterior al regreso de Jesús, el cual estamos viviendo. La iglesia asegura ver, pero Él reconoce la realidad y dice que no sabe que es desventurada, miserable, pobre, ciega y desnuda.

Pablo ora porque sean alumbrados los ojos del entendimiento en los creyentes (véase Efesios 1.18). Ser alumbrados es ver claramente. Debemos ver o percibir como lo hace Jesús. Solo podemos hacerlo pasando tiempo en su presencia, escuchando su Palabra y sirviéndole.

Este principio general se aplica a los líderes naturales. Usted conocerá las percepciones del líder al servir y pasar tiempo con él. Mi esposa ha pasado más tiempo conmigo que ninguna otra persona de nuestro personal en el ministerio. Ella es una mujer piadosa; se ha deleitado en ser mi esposa y servir bajo mi autoridad dada por Dios. De todo el personal, ella es quien más trabaja. Ha habido numerosas ocasiones en que miembros del personal han tenido que tomar decisiones en mi ausencia y ella les ha podido dar instrucciones exactas en esas ocasiones.

Moisés pasó más tiempo en la presencia de Dios que ninguna otra persona de la época: «Era Moisés de edad de ciento veinte años cuando murió; sus ojos nunca se oscurecieron, ni perdió su vigor» (Deuteronomio 34.7). También se deleitaba más que cualquier otro en servir al Señor, y Dios lo llamó «mi siervo Moisés, que es fiel» (véase Números 12.7).

Por otra parte, los israelitas no tenía pasión por la presencia de Dios; solo deseaban sus bendiciones. Lo servían solo si veían el beneficio. Por consiguiente no veían lo que Dios quería que vieran.

Percepciones erróneas corregían una y otra vez a los israelitas. El problema llegó al máximo cuando sus líderes entraron a la tierra prometida. Al regresar, diez de ellos dijeron al pueblo: «Éramos nosotros, a nuestro parecer, como langostas; y así les parecíamos a ellos» (Números 13.33).

Caleb y Josué vieron la situación de manera diferente. Informaron al pueblo: «No seáis rebeldes contra Jehová, ni temáis al pueblo de esta tierra; porque nosotros los comeremos como pan; su amparo se ha apartado de ellos, y con nosotros está Jehová, no los temáis» (Números 14.9). ¿Por qué estos hombres vieron la situación de manera tan distinta? Josué tenía pasión por pasar tiempo con Dios, y subió al monte hasta donde se le permitió (véase Éxodo 24.13).

Más tarde, Moisés levantó el tabernáculo fuera del campamento y lo llamó el tabernáculo de reunión. Si alguien quería buscar al Señor debía ir del campamento al tabernáculo. Además de Moisés, no tenemos registro de que alguien más fuera allí, excepto Josué. Cuando Moisés iba al lugar de reunión, todo el pueblo se quedaba de pie a la puerta de sus tiendas y adoraban de lejos. Respetaban al hombre que buscaba a Dios, pero no se acercaban porque sus corazones serían revelados. Sin embargo, la Biblia señala que cuando Moisés regresaba al campamento, «el joven Josué hijo de Nun, su servidor, nunca se apartaba de en medio del tabernáculo» (Éxodo 33.7-11).

Aquí se hacen evidentes dos situaciones. La primera, Josué tenía pasión intensa por la presencia de Dios. Se quedaba aun después de que Moisés saliera del lugar de reunión. La segunda, Josué era servidor de Moisés; también era un siervo fiel del Señor; sus obras estaban en concordancia con su fe. La visión de Josué fue clara porque pasaba tiempo con Dios y produjo acciones justas de servicio.

Hoy día algunas personas pasan horas en sus «encierros de oración», pero no sirven. Siempre están estropeando las cosas en sus iglesias debido a su ceguera. Son personas hiperespirituales que no producen verdadero fruto en el Reino. Están ciegos porque no sirven. Es tan indispensable pasar tiempo con el Señor como servir.

La visión de Josué era tan exacta como la de Moisés. Los dos hombres pasaban tiempo con Dios y eran siervos que producían acciones de justicia. Los hijos de Israel se veían a sí mismos como langostas y dijeron que el enemigo los veía como langostas. Josué y Caleb informaron que el enemigo ya no tenía protección y fortaleza. ¿Quiénes lo veían con exactitud? Cuando cuarenta años después Josué envió dos espías a la misma tierra, una de las habitantes informó a los espías:

Hemos oído que Jehová hizo secar las aguas del Mar Rojo delante de vosotros cuando salisteis de Egipto ... Oyendo esto, ha desmayado nuestro corazón; ni ha quedado más aliento en hombre alguno por causa de vosotros, porque Jehová vuestro Dios es Dios arriba en los cielos y abajo en la tierra (Josué 2.10-11).

Josué veía con precisión, mientras que las percepciones de los demás espías estaban equivocadas por completo. Esta situación se correlaciona con la del siervo perezoso, quien en vano recibió la gracia de su señor. Para el momento del regreso de su señor, el siervo lo vio como un hombre duro, que cosechaba sin sembrar. Su percepción era totalmente inexacta. Es más que probable que sus percepciones erróneas se hacían más firmes a medida que se abstenía de llevar a cabo las obras que el señor le había encomendado.

Como lo analizamos anteriormente, hoy día hay dos grupos de personas en la iglesia cuya vista es borrosa; no ven lo que Jesús ve. El primer grupo incluye a quienes no buscan a Dios como deberían. Respetan al predicador que busca a Dios y da un mensaje celestial. Sin embargo, no salen del campamento para encontrarse con Jesús. No hacen caso a la exhortación: «Salgamos, pues, a Él, fuera del campamento» (Hebreos 13.13). Sus obras son tibias.

En el segundo grupo están los que buscan a Jesús, pero no sirven. Lo buscan por lo que Él puede hacer por ellos. Hablando francamente, ¡son por lo general quienes dan más dolores de cabeza a los pastores! Tienen comportamiento «religioso» o «espiritual», pero sus obras son tibias.

Oh, pueblo de Dios, no necesitamos aliento ni avivamiento. ¡Necesitamos reforma! El avivamiento refresca lo que ya tenemos. La reforma exige un cambio total en la manera de percibir y vivir. Por demasiado tiempo hemos creído en una gracia falsa que ha llevado a la iglesia a un estado tibio. Usted puede enseñar algo falso por mucho tiempo y finalmente llegará a creer que es cierto. Cuando después se dice la verdad, usted la rechaza, llamándola extrema o errónea. El avivamiento solo fortalecerá las percepciones inexactas. ¡Nuestros ojos se deben abrir para ver como Él ve! Como lo dijo el salmista, «en tu luz veremos la luz» (Salmo 36.9).

CAPÍTULO 12

A TODOS LOS QUE AMO

Si vamos a ser como Jesús cuando Él regrese, entonces alguien deberá cambiar.

Como aprendimos en el capítulo anterior, Jesús dice a la iglesia en Laodicea que compre de Él oro refinado en fuego, vestiduras blancas y colirio para sus ojos. Luego dice: «Reprendo y castigo a todos los que amo» (Apocalipsis 3.19).

Jesús nos reprende y castiga más allá de su amor. El escritor de Hebreos amplía este punto:

Hijo mío, no menosprecies la disciplina del Señor,
Ni desmayes cuando eres reprendido por Él;
Porque el Señor al que ama, disciplina,
Y azota a todo el que recibe por hijo (12.5-6).

Disciplinar significa «corregir o aleccionar». Azotar significa «escarmentar». Es más, la palabra griega que aquí se traduce «azotar» es *mastigoo*. Este término se encuentra solo siete veces en el Nuevo Testamento. En todas las demás ocasiones significa azotar físicamente con un látigo. Seguramente nuestro Padre no utiliza un azote; sin embargo, su disciplina puede ser severa. De allí que el escritor nos dice que no la menospreciemos. En medio de su corrección a veces he sentido como si fuera a morir de dolor interior, pero ceder a ella siempre produjo mi bien y encendió una llama fresca de santidad en mi corazón.

LOS HIJOS DE DIOS

Los más entregados hijos de Dios necesitan corrección. Aunque el Señor puede permitirle a otros que continúen en sus equivocaciones o no corregirles por sus pecados, Él no le permitirá eso a sus hijos e hijas. De la misma manera en que un padre bueno y sabio no pasaría por alto las faltas de sus propios hijos como lo haría con otros, el Señor tampoco permitiría a sus hijos que continuaran con lo que podría arruinarlos.

Permitir el pecado sin la represión correspondiente es una señal alarmante de distanciamiento de Dios. La Biblia establece claramente que quienes no experimentan su corrección son hijos ilegítimos, no son verdaderos hijos e hijas. Estos tal vez lo llamen Padre, pero su clamor hacia Él se genera en una falsa conversión.

He predicado severos mensajes desde el corazón de Dios para después escuchar dos respuestas diferentes. Muchas veces alguien recibió corrección de parte del Padre; otra persona prácticamente no se sintió afectada porque no era un verdadero hijo de Dios. En una familia sucedió un incidente. Después de que yo predicara un aleccionador mensaje sobre la rebelión un domingo por la mañana, al final más de la mitad de la congregación recibió el llamado a arrepentirse. Después del culto, el pastor y su esposa me llevaron a almorzar a casa de un miembro de la iglesia. La dueña de la casa no paraba de decir cómo en el culto Dios la había disciplinado con su Palabra. Su semblante mostraba evidencia de su encuentro con el Señor. El Espíritu Santo había tratado firmemente con ella. Pero en el curso de la conversación me dijo desconcertada: «Después del culto mi hija me manifestó: "Ese tipo es un charlatán y su mensaje no tiene sentido"».

Cuando entré por primera vez a la casa percibí que la hija no era verdaderamente salva. La declaración de la madre solo confirmó lo que discerní.

La madre, quien amaba profundamente al Señor, había sido disciplinada, como lo fueron muchos otros que asistieron ese domingo. Pero la hija, quien se sentó junto a ella en el culto, no

se sintió afectada, aun cuando había una notable insubordina-
ción en su vida. Las declaraciones y conducta de la hija esa tarde
confirmaron que no era una verdadera hija de Dios. Sin embargo, si la madre hubiera preguntado a su hija si era cristiana, su
respuesta habría sido positiva.

Dios disciplina a los suyos. Su primer deseo es hablarnos severamente a través de su Palabra, como en el ejemplo de esta mujer. Pero si no escuchamos, usará dificultades y aflicciones para
disciplinarnos. El salmista declara:

Antes que fuera yo humillado, descarriado andaba;
Mas ahora guardo tu palabra ...
Conozco, oh Jehová, que tus juicios son justos,
Y que conforme a tu fidelidad me afligiste
(Salmo 119.67,75).

En relación con la disciplina del Padre, Pablo dice: «Hay muchos enfermos y debilitados entre vosotros, y muchos duermen.
Si, pues, nos examinásemos a nosotros mismos, no seríamos
juzgados; mas siendo juzgados, somos castigados por el Señor,
para que no seamos condenados con el mundo» (1 Corintios
11.30-32).

Dios prefiere que hagamos caso a sus palabras de corrección,
pero no importa cómo nos corrija, ningún método es agradable
cuando lo recibimos. El escritor de Hebreos lo confirma: «Es
verdad que ninguna disciplina al presente parece ser causa de
gozo, sino de tristeza; pero después da fruto apacible de justicia
a los que en ella han sido ejercitados» (Hebreos 12.11). Dios está
mucho más preocupado de nuestra condición que de nuestro
consuelo. El escritor observa que Dios nos corrige «para lo que
nos es provechoso, para que participemos de su santidad»
(12.10). Las obras de santidad son el propósito de su corrección.

El escritor continúa: «Por lo cual, levantad [fortaleced] las
manos caídas y las rodillas paralizadas; y haced sendas derechas
para vuestros pies, para que lo cojo no se salga del camino, sino
que sea sanado» (Hebreos 12—13). Las manos se refieren al ser-

vicio, o acciones que producimos en el Señor. Las rodillas se refieren a nuestro caminar, o la manera en que vivimos. No debemos levantarlas para adular sino para hablar la verdad en amor. Jesús no estaba debilitando a los miembros de la iglesia en Laodicea con sus severas palabras de advertencia y corrección. Les estaba dando lo que reavivaría su fuego. Les estaba corrigiendo para que pudieran ser partícipes de su santidad. Por supuesto, eso solo ocurriría si recibían su corrección.

¿Por qué tenemos que renunciar a fortalecer al débil en la iglesia? ¿Por qué no hemos predicado mensajes de la misma manera que lo hizo Jesús? ¿Por qué la mayoría de los mensajes que se escriben y se predican en nuestras iglesias occidentales son sobre paz, prosperidad y felicidad, cuando desesperadamente necesitamos ser confrontados con la verdad? Por medio de Jeremías, Dios habla de los predicadores de su tiempo, quienes restaban importancia a los mensajes para un pueblo tibio:

Si ellos hubieran estado en mi secreto, habrían hecho oír mis palabras a mi pueblo, y lo habrían hecho volver de su mal camino, y de la maldad de sus obras (Jeremías 23.22).

¿Estamos dirigiendo y volviendo corazones hacia la justicia para preparar a nuestra generación frente a un Dios santo, o estamos haciéndole cosquillas en las orejas con palabras que no exigen cambio piadoso?

¿CONCILIAR O MANTENER LA PAZ?

En Hebreos leemos: «Seguid la paz con todos, y la santidad, sin la cual nadie verá al Señor. Mirad bien, no sea que alguno deje de alcanzar la gracia de Dios» (Hebreos 12.14-15). Lo primero que el escritor declara es seguir la paz con todos.

Jesús no dijo: «Benditos los que mantienen la paz» sino: «Benditos los pacificadores» (Mateo 5.9).

Usted podría preguntar: «¿Existe alguna diferencia?»

¡Por supuesto! Los primeros mantienen la paz a cualquier costo. Por eso comprometerán la verdad para evitar confrontaciones. Por consiguiente, no llevarán del corazón de Dios las palabras que exigen un cambio cuando sea necesario, tal como Jesús hizo con la mayoría de las iglesias en Apocalipsis. Entonces las personas permanecen cómodas en su estado actual, cuando lo que necesitan es un cambio piadoso.

Por otra parte, un pacificador busca la verdadera paz, y si es necesario confronta tenazmente con verdad o justicia para producir una verdadera paz. Un pacificador ama la justicia y odia el pecado. No retrocede. Se refiere al pecado como es: pecado, no como a una equivocación o debilidad. Su odio por el pecado nace de su amor por Dios y por los demás. Su verdadero deseo es ver lo que es mejor para las personas, no necesariamente lo que las hace felices. Está más preocupado en llevarles lo que les ayudará en vez de ser popular o agradarles. No tiene interés en su ganancia personal. Se deleita en la verdadera misericordia y justicia. Ama la santidad; su corazón arde por ella, ¡porque su corazón arde por Dios!

FORTALECER AL DÉBIL EN BUSCA DE SANTIDAD

El escritor insta a los lectores a seguir la santidad, «sin la cual nadie verá al Señor». Ya vimos que los hijos de Israel confesaron un deseo, que realmente no existía, de acercarse a Dios. Era su intención, no su verdadero deseo. No podían acercarse a Dios, como lo hizo Moisés, porque no se despojaron de los deseos que Egipto les transmitió. Si se acercaban a Dios se habría revelado su impureza, la cual no querían confrontar.

El escritor de Hebreos dilucida lo que Dios ha estado diciendo a su pueblo en todas las épocas. De la misma manera Isaías escribe: «Fortaleced las manos cansadas, afirmad las rodillas endebles» (Isaías 35.3).

Los profetas del Antiguo Testamento anuncian que después de que manos y rodillas estén fortalecidas, los ojos de los ciegos se abrirán y los oídos de los sordos se destaparán. ¡El desierto se volverá tierra fructífera, solo porque el pueblo de Dios habrá fortalecido su caminar en santidad! Isaías declara:

Habrá allí calzada y camino, y será llamado Camino de Santidad; no pasará inmundo por él, sino que Él mismo estará con ellos; el que anduviere en este camino, por torpe que sea, no se extraviará (Isaías 35.8).

Los caminos de Dios son más ligeros que los del hombre. Este camino de santidad representa el sendero de la vida, que según Jesús es angosto (Mateo 7.13-14). Es caminar en el mayor grado de santidad. Lo obtenemos solamente cuando estamos dispuestos a recibir, y recibimos, su corrección.

Según el profeta, los necios no vagarán por el sendero. Un necio es alguien que ve sus propios pensamientos y su propia vida como la medida de sabiduría. Proverbios 12.15 señala que «el camino del necio es derecho en su opinión». También aprendemos de Proverbios que el necio «se muestra insolente» (14.16). Proverbios 18.2 declara: «No toma placer el necio en la inteligencia, sino en que su corazón se descubra». Por consiguiente, un necio está engañado. Proverbios 14.8 nos dice que «la indiscreción de los necios es engaño».

Los miembros de la iglesia en Laodicea estaban engañados. Creían ser bendecidos y prósperos. Sin embargo, les faltaba las verdaderas riquezas de la vida: carácter, acciones piadosas y capacidad de ver como ve Jesús. Aunque muy duras, las palabras de Jesús sobre la represión, advertencia y corrección eran para liberarlos del sendero de necedad y dirigirlos al de santidad. Él estaba fortaleciendo sus débiles manos y afirmando sus endebles rodillas.

EL CAMINO AL MONTE SION

Quienes hoy día no hacen caso a la corrección perderán el único camino que conduce a la gloria de Dios. La santidad no llega con facilidad. Existe la corrección de refinamiento, purga y limpieza, ninguna de las cuales surte efecto sin arrepentimiento. Por esto Jesús dice a la iglesia en Laodicea que sea celosa y se arrepienta (véase Apocalipsis 3.19).

El verdadero arrepentimiento es un cambio de mente y actitud hacia el pecado y sus causas, no solo hacia las consecuencias del pecado. Hemos aprendido a llorar por las consecuencias del pecado sin renunciar a su naturaleza. Ser celosos, como Jesús ordena a esta iglesia, es desear apasionadamente cambiar desde donde estamos actualmente hacia su gloriosa naturaleza. Enfrentémoslo, si vamos a ser como Jesús cuando Él regrese (1 Juan 3.2), entonces alguien tendrá que cambiar, ¡y no será Él! Solamente su capacitación y corrección nos conformará a su imagen.

Isaías indica que, al recibir la corrección de Dios, quienes no se mantengan necios serán llamados los redimidos del Señor y «vendrán a Sion con alegría; y gozo perpetuo será sobre sus cabezas» (Isaías 35.10). Aquí la referencia a Sion es importante.

El escritor de Hebreos muestra un panorama vívido: «No os habéis acercado al monte que se podía palpar, y que ardía en fuego, a la oscuridad, a las tinieblas y a la tempestad, al sonido de la trompeta, y a la voz que hablaba, la cual los que la oyeron rogaron que no se les hablase más» (Hebreos 12.18-19). El monte es el que analizamos en capítulos anteriores de este libro. Además, escuchamos el triste testimonio de que los israelitas comenzaron a rogar a Dios que dejara de hablar. Rechazaron su disciplina porque esta exponía sus corazones. ¡Fueron necios!

Sofonías declara de Israel:

No escuchó la voz, ni recibió la corrección; no confió en Jehová, no se acercó a su Dios (Sofonías 3.2).

Dios se lamenta, diciendo: «En vano he azotado a vuestros hijos; no han recibido corrección» (Jeremías 2.30). Si ellos hubieran seguido la santidad al estar dispuestos a ser corregidos y a arrepentirse de sus caminos, entonces se podrían haber acercado a Dios en el monte.

Ahora enfrentamos una oportunidad similar, aunque no hemos llegado ante un monte que podemos ver y tocar. Hemos llegado a una montaña diferente, a la cual se refiere Moisés:

Os habéis acercado al monte de Sion, a la ciudad del Dios vivo (Hebreos 12.22).

Moisés está todavía en un monte, pero no en uno físico llamado Sinaí. Es una montaña más real e imperecedera, llamada Sion. ¡El único sendero a ella es el camino de santidad! Moisés caminó en este sendero; renunció a Egipto en su corazón y estuvo dispuesto a recibir los mensajes de Dios, que incluyen la corrección. Los hijos de Israel pidieron a Dios que no hablara, porque no deseaban su mensaje de corrección, el cual expondría sus corazones. A la luz de sus acciones se nos amonesta:

Mirad que no desechéis al que habla. Porque si no escaparon aquellos que desecharon al que los amonestaba en la tierra, mucho menos nosotros, si desecháremos al que amonesta desde los cielos (Hebreos 12.25).

Dios habló en la tierra de Sinaí; hoy día habla desde su monte celestial llamado Sion. ¡Qué aleccionadoras palabras de advertencia vemos en esta declaración! Si los hijos de Israel no escaparon cuando Dios expresó su mensaje en el Sinaí, el cual les habría dado capacitación y corrección, mucho menos escaparemos si no hacemos caso a sus palabras que habla desde el Monte Sion, las cuales nos darán capacitación y corrección.

Los hijos de Israel no quisieron escuchar las palabras de Dios en medio de su gloria, porque habrían sido expuestos sus contaminados corazones, por eso retrocedieron. Sin embargo, más tarde, cuando Moisés estaba en el monte, formaron un Jehová que por medio de sus profetas les diría lo que querían oír: cosas suaves que harían cosquillas en sus oídos y les daría lo que deseaban sus apetitos carnales. Desde el principio en la cumbre del monte, Moisés estuvo oyendo el verdadero mensaje del Señor que lo estaba transformando. Cuando bajó del monte su rostro estaba iluminado con el resplandor de Dios.

La voz de Dios fue transformación para Moisés. Para los hijos de Israel fue la conmoción del monte y de la tierra en la que estaban parados, lo que los hizo temblar hasta el punto de alejarlos. El escritor continúa:

La voz del cual conmovió entonces la tierra, pero ahora ha prometido, diciendo: Aun una vez, y conmoveré no solamente la tierra, sino también el cielo. Y esta frase: Aun una vez, indica la remoción de las cosas movibles, como cosas hechas, para que queden las inconmovibles (Hebreos 12.26-27).

Las palabras de corrección de Jesús sacudieron a los miembros de la iglesia en Laodicea. Ellos estaban conformes con su cristianismo, parecían estar bien, pero el mensaje verdadero de Dios sacudió sus fundamentos. El Señor sacude una vez más a su Iglesia y después a las naciones. El temblor remueve lo que no está construido en una base adecuada. Quita lo muerto o lo que no está bien. Purga de tal manera que solo permanece lo que está vivo o puro. Los únicos que deben temer la sacudida de Dios son los que no le temen.

Isaías habla de este asunto:

Los pecadores se asombraron en Sion, espanto sobrecogió a los hipócritas. ¿Quién de nosotros morará con el fuego consumidor? ¿Quién de nosotros habitará con las llamas eternas? El que camina en justicia y habla lo recto; el que aborrece la ganancia de violencias, el que sacude sus manos para no recibir cohecho, el que tapa sus oídos para no oír propuestas sanguinarias; el que cierra sus ojos para no ver cosa mala; este habitará en las alturas; fortaleza de rocas será

149

su lugar de refugio; se le dará su pan, y sus aguas serán seguras (Isaías 33.14-16).

Isaías no dice «los pecadores en Egipto» sino «los pecadores en Sion». Se refiere a aquellos en la Iglesia que les falta el temor del Señor y no siguen la santidad. Ellos no están seguros y serán sacudidos. ¡Además, el temor no los atrapará sino hasta cuando Dios revele su gloria! El fuego consumidor o llamas eternas se refiere a Dios.

El escritor de Hebreos termina el capítulo: «Así que, recibiendo nosotros un reino inconmovible, tengamos gratitud, y mediante ella sirvamos a Dios agradándole con temor y reverencia; porque nuestro Dios es fuego consumidor» (Hebreos 12.28-29). ¡Nuestro Dios es fuego consumidor! Aunque en este libro se han citado muchos pasajes del Antiguo Testamento, por la gracia de Dios he intentado dividir correctamente la Palabra de Dios para sacarlos a la luz en los escritos del Nuevo Testamento. Nuestro Dios es amor, pero también es fuego consumidor.

Tal descripción de la gloriosa presencia de Dios no es algo para tomar tan a la ligera, como hemos hecho muchos de nosotros. Para confirmar esa gloria asombrosa, el escritor de Hebreos hace notar: «Tan terrible era lo que se veía, que Moisés dijo: Estoy espantado y temblando» (Hebreos 12.21). Esta respuesta concuerda con el testimonio del apóstol Juan al ver a Jesús: «Cuando le vi, caí como muerto a sus pies» (Apocalipsis 1.17).

SANTOS SERÉIS

Es verdad, Dios nos ama con un amor más grande del que puede comprender la mente humana. Pero ese amor no disminuye en nada su santidad. De ahí que el escritor de Hebreos nos dijera: «Sirvamos a Dios mediante la gracia agradándole con temor y reverencia» (Hebreos 12.28). ¡Cielos! ¡Cuánto necesitamos la gracia del Señor para caminar en su temor y ser santos, como Él es santo! (Véanse Levítico 19.2; Mateo 5.48; 1 Pedro 1.16.)

Como hemos visto, solo quienes temen a Dios y buscan la santidad podrán morar en su gloriosa presencia. Volvamos al pasaje bíblico que citamos en el capítulo dos de este libro:

Vosotros sois el templo del Dios viviente, como Dios dijo:

> Habitaré y andaré entre ellos,
> Y seré su Dios,
> Y ellos serán mi pueblo.
> Por lo cual,
> Salid de en medio de ellos,
> Y apartaos, dice el Señor,
> Y no toquéis lo inmundo;
> Y yo os recibiré,
> Y seré para vosotros por Padre,
> Y vosotros me seréis hijos e hijas,
> dice el Señor Todopoderoso.

Así que, amados, puesto que tenemos tales promesas, limpiémonos de toda contaminación de carne y de espíritu, perfeccionando la santidad en el temor de Dios (2 Corintios 6.16—7.1).

Ahora usted conoce los antecedentes. No entró a este verdadero drama justo cuando concluía, perdiendo el contexto. Espero que los antecedentes le hayan sido claros. Su corazón arderá con pasión si desea más que cualquier otra cosa la gloria de Dios.

CAPÍTULO 13

SANTO FUEGO INTERIOR

Estamos llamados a arder con el fuego de la gloria divina, como ardió en Moisés, Isaías, Jeremías, Juan, Pablo y muchos otros.

Desde los santos profetas de antaño hasta los apóstoles del Nuevo Testamento, todo el pueblo de Dios ha requerido su corrección de una u otra forma. Lo mismo es seguramente cierto hoy día. La clave, sin embargo, es lo que haremos con esa corrección. El orgullo impide que recibamos la disciplina de Dios; en consecuencia, perdemos el derecho al beneficio de la obra de su santidad. Pero si somos humildes y aceptamos su disciplina, podemos oír la voz de Dios con mayor exactitud y ver con más claridad. De este modo nos ponemos en posición de madurar en nuestra relación con Él. Habacuc escribe:

Sobre mi guarda estaré, y sobre la fortaleza afirmaré el pie, y velaré para ver lo que se me dirá, y qué he de responder tocante a mi queja (Habacuc 2.1).

Este hombre se puso verdaderamente en posición para recibir la corrección de Dios, sabiendo que le daría una visión más aguda hacia el corazón y los caminos del Señor. Entonces sería un siervo más eficaz.

EN EL AÑO QUE MURIÓ EL REY UZÍAS

Isaías también se alistó para aceptar lo que Dios le diría. Escribió: «En el año que murió el rey Uzías vi yo al Señor sentado sobre un trono alto y sublime, y sus faldas llenaban el templo» (Isaías 6.1).

El Señor me habló hace algunos años, cuando estaba orando en relación con esta porción bíblica. Meditaba en el hecho de que Isaías vio al Señor en su gloria. Pensé: *La Iglesia necesita ver una visión fresca de Jesús en su gloria.*

Luego oí decir al Señor: «Así no es como comencé el versículo». Asombrado, volví a mi Biblia, para leer: «En el año que murió el rey Uzías». El Señor me detuvo y dijo: «¡El rey Uzías tenía que morir antes de que Isaías tuviera una visión fresca de mí!» Continuó: «Antes de que la iglesia pueda tener una visión fresca de mí, ¡debe morir Uzías!»

Pensé: *¿Quién es este tipo Uzías, y qué relación tiene con que podamos ver a Jesús?* Fui a la concordancia y encontré todas las referencias a él, leí los relatos de su vida y en ellos descubrí una revelación significativa.

Uzías era descendiente del rey David. Fue coronado rey a los dieciséis años. En un principio buscó a Dios con diligencia. Usted también lo haría si fuera presidente de una nación a los dieciséis años. Es muy probable que él estuviera abrumado y humillado por la magnitud de la empresa. Está escrito: «En estos días en que buscó a Jehová, Él le prosperó» (2 Crónicas 26.5).

Uzías fue bendecido completamente porque descansó en el Señor. Peleó contra los filisteos, derrotándolos en numerosas ciudades. Lo mismo sucedió contra los árabes y los amonitas. La nación se engrandeció económica y militarmente. El pueblo prosperó bajo su liderazgo.

El éxito del rey era el resultado de la gracia de Dios en su vida. Pero algo cambió. Su exceso de confianza reemplazó a su humildad: «Mas cuando ya era fuerte, su corazón se enalteció para su ruina; porque se rebeló contra Jehová su Dios, entrando en el templo de Jehová para quemar incienso» (2 Crónicas 26.16).

No fue en un mal momento, sino cuando Uzías estaba fuerte, que su corazón se llenó de orgullo. Su corazón dejó de ver al Señor cuando vio la prosperidad y el éxito que abarcaba todo su dominio. Él podía hacerlo por sí solo; sabía cómo. Sus logros aumentaron, por lo tanto supuso que Dios bendeciría todo lo que emprendiera; anteriormente fue bendecido porque buscó a Dios con humildad.

Esto no sucede de la noche a la mañana, y puede ocurrirle a cualquiera con facilidad. Dios me advirtió: «John, la mayoría de los que han caído en el Reino no lo han hecho en tiempos difíciles sino en períodos de bonanza». ¿Por qué? Porque cuando conseguimos grandes logros se hace más fácil perder de vista el hecho de que Él es quien nos lo ha dado todo.

Muchas personas han caído en este molde. Cuando llegan a ser salvas tienen hambre de conocer al Señor y sus caminos. Su humildad es evidente porque lo buscan y confían en Él para todo. Llegan a la iglesia con sed en sus corazones. «Señor, ¡anhelo conocerte!» Se someten a la dirección de Dios y a su autoridad delegada. En su verdadera humildad están dispuestos a recibir la corrección de Dios, sin importar cómo llegue, o a través de qué. Pero llega el momento en que acumulan conocimiento, se afirman por medio de la experiencia y los logros, y cambian sus actitudes. En vez de leer la Biblia con la intención de preguntar: «Señor, revélate y muéstrame tus caminos», la usan para apoyar su doctrina establecida y leer lo que creen. Ya no escuchan más la voz celestial de Dios en labios de su pastor; se echan hacia atrás con los brazos cruzados y en actitud de «veamos qué sabe». Son expertos en las Escrituras, pero han abandonado su ternura y humildad de corazón. Disminuye la gracia de servir a Dios y la reemplaza el orgullo (véase Santiago 4.6).

Este problema parece suceder muy fácilmente en la iglesia estadounidense desde que tenemos a nuestra disposición mucha enseñanza. En 1 Corintios 8.1 leemos: «Sabemos que todos tenemos conocimiento. El conocimiento envanece, pero el amor edifica». El amor no busca lo suyo sino que hace a un lado su vida por el Maestro y por quienes está llamado a servir. El orgullo busca lo propio detrás de una máscara de religión. Dios explicó que el conocimiento ganado sin amor da como resultado el orgullo.

Hagámonos una importante pregunta acerca del rey Uzías. ¿Se volvió más o menos religioso cuando el orgullo entró en su corazón? ¡La asombrosa respuesta es que se volvió más religioso! Su corazón estaba levantado y entró al templo a adorar. El orgullo y el espíritu religioso van de la mano. Un espíritu religioso lleva a una persona a pensar que es humilde mediante su apariencia de «falsa espiritualidad», cuando en verdad es orgullosa. Por otro lado, el orgullo mantiene a una persona esclava a un espíritu religioso, ¡porque es demasiado orgullosa para admitir que lo tiene! El orgullo está muy bien camuflado en la iglesia porque se esconde detrás de una máscara religiosa, carismática, evangélica o pentecostal.

Uzías fue luego confrontado con la verdad:

> Entró tras él el sacerdote Azarías, y con él ochenta sacerdotes de Jehová, varones valientes. Y se pusieron contra el rey Uzías, y le dijeron: No te corresponde a ti, oh Uzías, el quemar incienso a Jehová, sino a los sacerdotes hijos de Aarón, que son consagrados para quemarlo. Sal del santuario, porque has prevaricado, y no te será para gloria delante de Jehová Dios (2 Crónicas 26.17-18).

Dios había llevado su corrección por medio de esos hombres valientes, y la respuesta de Uzías no fue seguramente muy piadosa: «Entonces Uzías, teniendo en la mano un incensario para ofrecer incienso, se llenó de ira; y en su ira contra los sacerdotes, la lepra le brotó en la frente, delante de los sacerdotes en la casa de Jehová, junto al altar del incienso» (v. 19).

Uzías se puso furioso. El orgullo siempre se justifica a sí mismo. Esta defensa propia se asociará con la ira. Un individuo orgulloso culpará a todo el mundo mientras se excusa a sí mismo. Uzías dirigió su ira hacia los sacerdotes, pero el problema yacía profundamente en su interior. ¡El orgullo cegó sus ojos! En vez de humillarse para recibir la corrección de Dios por medio de esos hombres, permitió que la ira colmara su orgullo. La lepra brotó en su frente, donde todos la pudieran ver. La lepra en este caso es una manifestación exterior de una condición interior, y su fuente era el orgullo.

Lo mismo es una realidad hoy día. La lepra en el Antiguo Testamento es un prototipo de pecado en el Nuevo Testamento. Muchas veces el pecado externo no es más que una manifestación del orgullo interno, el cual ciega y aleja a una persona de recibir la corrección de Dios.

Después de oír lo que Dios habló a mi corazón y revisar luego la vida de Uzías, me di cuenta de que el orgullo nos ciega de ver a Jesús. Debemos verlo, porque la Biblia declara que cuando lo contemplamos cambiamos a su imagen: «Nosotros todos, mirando a cara descubierta como en un espejo la gloria del Señor, somos transformados de gloria en gloria en la misma imagen, como por el Espíritu del Señor» (2 Corintios 3.18).

Debemos contemplar a Jesús para que podamos ser conformados a su imagen, en consecuencia nos da la capacidad de ver como Él ve. El orgullo nos impedirá contemplarlo de nuevo, además de cegarnos y llevarnos a la peligrosa área del engaño. Los miembros de la iglesia en Laodicea no podían ver a Jesús debido a su orgullo. Se creían espirituales, pero la reprimenda que les dio Jesús mostraba otra cosa. Estaban estancados, sin su poder transformador. Tenían una forma de cristianismo, pero les faltaban las correspondientes obras de Jesús.

SANTO, SANTO, SANTO

Isaías vio al Señor en su gloria. Sabemos que debió haber sido una visión espiritual, porque ningún hombre en un cuerpo carnal puede ver el rostro de Dios y seguir vivo. Cuando Isaías vio su trono no pudo dejar de observar la multitud de ángeles, a los cuales se refirió como serafines. Escribió que cada uno tenía seis alas, dos de las cuales cubrían el rostro. Además, daban voces uno al otro:

Santo, santo, santo, Jehová de los ejércitos; toda la tierra está llena de su gloria. Y los quiciales de las puertas se estremecieron con la voz del que clamaba, y la casa se llenó de humo (Isaías 6.3-4).

Los ángeles no estaban cantando un himno. Hay una canción tomada de este versículo, pero a menudo la gente lo canta con voz monótona. No, los seres angelicales estaban respondiendo a lo que veían, incluso con sus rostros cubiertos. Cada vez que se revelaba otra faceta de la gloria de Dios, gritaban: «¡Santo!» ¡Sus gritos eran tan fuertes que sacudían la estructura del cielo! De por sí es difícil sacudir la estructura de la tierra, mucho más la del cielo. Los ángeles no entonaban una canción y pensaban: *He estado cerca de su trono durante trillones de años. Me gustaría tomarme un descanso y explorar otras partes del cielo.* No, ellos no querrían estar en ninguna otra parte porque el Creador es mucho más bello y maravilloso que su creación. El salmista clamaba que preferiría ser un portero en el trono de Dios que estar en lujosos palacios donde no morara su presencia (véase el Salmo 84).

¿Por qué los ángeles gritaban: «Santo, santo, santo»? ¿Por qué tres veces? El uso representa un estilo literario encontrado en formas hebreas de escritura. La repetición es una forma de énfasis. Cuando en español queremos resaltar la importancia de una palabra o una frase, tenemos varios métodos. Podemos usar negritas, cursivas, palabras subrayadas, mayúsculas, o agregar signos de exclamación.

Un escritor judío indica énfasis repitiendo una palabra. Por lo general se repite dos veces; por ejemplo, Jesús dijo: «No todo el que me dice: Señor, Señor, entrará en el reino de los cielos» (Mateo 7.21). En realidad Él no dice dos veces «Señor», en lugar de eso, puso en la palabra «Señor» un énfasis que el escritor quiso agarrar.

Solo unas pocas referencias en la Biblia repiten una palabra tres veces. Una ocasión ocurre cuando el ángel pronunció juicio sobre los habitantes de la tierra en el Apocalipsis; el ángel exclamó: «¡Ay, ay, ay!» (Apocalipsis 8.13). El mensaje dado en la repetición es que los juicios que ya sucedieron han sido duros, pero lo que viene está más allá de la comprensión.

Sin embargo, en tan solo una ocasión la Biblia registra tres veces seguidas un atributo de Dios. Estos ángeles no estaban clamando: «¡Poder, poder, poder!» Tampoco: «¡Amor, amor, amor!» ni «¡Fiel, fiel, fiel!» Es verdad, Dios es poderoso, es amor y es fiel, pero la característica que sobresale de las demás es su santidad. En esa santidad se encuentra el brillo de su ser o el fuego de Dios.

¡AY DE MÍ!

Cuando Isaías vio la gloria de Dios no dijo: «¡Vaya! ¡Aquí está Él!» Por el contrario, exclamó:

> ¡Ay de mí! que soy muerto; porque siendo hombre inmundo de labios, y habitando en medio de pueblo que tiene labios inmundos, han visto mis ojos al Rey, Jehová de los ejércitos (Isaías 6.5).

La expresión *¡ay!* ha perdido su fortaleza en nuestro idioma moderno. Esta es la palabra usada para pronunciar la más grande forma del juicio de Dios. Como ya vimos, cuando los ángeles pronunciaban ¡ay! sobre los habitantes de la tierra, en realidad estaban diciendo: «El más grave juicio está a punto de caer en ustedes». Jesús utilizó esta palabra en relación a Judas. Es tan grave que Él dijo: «Bueno le fuera a ese hombre no haber nacido» (Marcos 14.21). No era común que un profeta pronunciara ¡ay! sobre la vida de una persona. ¡Pero lo más increíble es que un hombre piadoso como Isaías la pronunciara sobre sí mismo!

Inmediatamente después de pronunciar juicio sobre sí mismo, Isaías exclamó: «Soy muerto». Ser muerto significa venirse abajo. El profeta estaba de pie ante un Dios santo. Por primera vez en su vida captaba en realidad quién era Dios, y por primera vez en su vida comprendió realmente quién era él mismo.

En ese preciso momento se hizo añicos toda estima propia. Toda confianza en sí mismo y toda humanidad fue aniquilada. Nunca jamás sería la siquiatría un tema relacionado con la vida. Si hubo algún orgullo, ya no se encontraría más. Isaías estaba postrado sobre su rostro, humillado en el suelo del trono. Cada fibra de su ser estaba expuesta y temblando. Buscó un lugar para esconderse pero no pudo hallar ninguno. Más que nunca antes vio su desesperada necesidad de misericordia y gracia para sobrevivir, al estar ante un Dios santo, ¡quien es Dios de todo!

LIMPIEZA, SERVICIO Y CLARIDAD DE VISIÓN

Cuando Isaías sintió que no podía estar de pie un instante más, describió lo sucedido a continuación:

Voló hacia mí uno de los serafines, teniendo en su mano un carbón encendido, tomado del altar con unas tenazas; y tocando con él sobre mi boca, dijo: He aquí que esto tocó tus labios, y es quitada tu culpa, y limpio tu pecado (Isaías 6.6-7).

Dios da misericordia y gracia al humilde. El carbón encendido purgó o refinó a Isaías. Después de ser purificado escuchó la voz del Señor que decía: «¿A quién enviaré, y quién irá por nosotros?» (v. 8).

El profeta pudo oír más claramente la voz de Dios porque se había purificado: «Quién irá por nosotros?» En otras palabras: «¿Quién provocará acciones puras de justicia?» Isaías respondió inmediatamente: «Heme aquí, envíame a mí» (v. 8).

Isaías escuchó las palabras del corazón de Dios:

Anda, y di a este pueblo [que era su pueblo]: Oíd bien, y no entendáis; ved por cierto, mas no comprendáis (v. 9).

Entre las personas de las cuales Dios dijo que eran ciegas y sordas había conocidos profetas y maestros de las Escrituras. Estos no comunicaban lo que se les ordenaba porque no podían oír con claridad.

Dios está hablando, pero ¿escuchan en realidad las personas? Estos versículos me recuerdan una conversación con un amigo mío muy piadoso (de él ya dije que fue quien me discipuló en la universidad). Yo había viajado hasta su región y él me fue a ver al aeropuerto. Él había estado meditando y orando durante horas antes de mi llegada. Me dijo con lágrimas en los ojos: «John, Dios tiene mucho que decir a Estados Unidos, pero no puede hallar las personas que lo digan». Mi corazón ardió con pasión por sus palabras; supe que yo estaba lejos de donde debía estar como uno de los embajadores del Señor. Pensé inmediatamente en Isaías. Una vez que refinado o purificado, la voz de Dios se hizo clara y pudo escuchar el corazón del Señor, no solo principios. Pensé: *No es que no haya en Estados Unidos personas que puedan comunicar los verdaderos principios de las Escrituras. La pregunta es: ¿Hay hombres y mujeres que se separarán y se humillarán a sí mismos para que se cumpla la obra purificadora de Dios, de tal manera que puedan oír exactamente el corazón del Señor para proclamarlo?*

LA CENA CON JESÚS

Volvamos a la iglesia en Laodicea, la cual nos representa proféticamente. Jesús la corrige severamente y luego le da la orden: «Sean, pues, celosos, y arrepiéntanse». Es asunto de ellos, ¿o debería decir nuestro? ¿Debemos hacer caso a su corrección, o seremos tan necios como lo fueron los hijos de Israel?

Jesús continúa: «He aquí, yo estoy a la puerta y llamo; si alguno oye mi voz y abre la puerta, entraré a él, y cenaré con él, y él conmigo» (Apocalipsis 3.20). ¡Oiga las palabras de Dios a su Iglesia de los últimos días! Él dice a su pueblo que predica y enseña: «Si alguno oye mi voz». ¿No quebranta eso su corazón? ¿Hemos estado tan enredados en las costumbres y deseos del mundo, que nos hemos convertido en un pueblo que manifiesta oír la voz de Cristo, cuando en realidad nos hemos alejado del lamento de su corazón?

Recuerde que Jesús le dijo a la iglesia que de Él comprara oro refinado, vestiduras blancas (que representan acciones de justicia) y colirio para ver como Él ve. Este patrón es evidente en el testimonio de Isaías. Fue refinado cuando se humilló para recibir la corrección de Dios. Después se dedicó fervorosamente a hacer obras santas o de justicia. A continuación gritó que las personas no estaban viendo correctamente; ¡estaban ciegas! Necesitaban colirio. Dios quitó el velo de los ojos de Isaías por medio de su humildad, de la corrección del Señor y de la disposición del profeta para producir obras de justicia.

Escuche de nuevo a Jesús: «Si alguno oye mi voz y abre la puerta, entraré a él, y cenaré con él, y él conmigo». Esto tiene doble aplicación. Sí, esta es la iglesia exactamente antes de la Segunda Venida, y por consiguiente se refiere a la Segunda Venida. Lucas escribe palabras similares de Jesús:

Estén ceñidos vuestros lomos, y vuestras lámparas encendidas; y vosotros sed semejantes a hombres que aguardan a que su señor regrese de las bodas, para que cuando llegue y llame, le abran en seguida. Bienaventurados aquellos siervos a los cuales su señor, cuando venga, halle velando; de cierto os digo que se ceñirá, y hará que se sienten a la mesa, y vendrá a servirles (Lucas 12.35-37).

Nuestro Maestro nos servirá, aun cuando nosotros debemos servirle siempre. Él es un siervo en el verdadero sentido. No nos debe nada, como le debemos a Él, sin embargo desea servir a sus fieles. Él nos servirá en la cena de las bodas del Cordero.

Hay una segunda aplicación. Cuando Jesús dice: «Entraré a él, y cenaré con él, y él conmigo», no solo está hablando de la cena de las bodas, sino de darnos el verdadero maná, el cual es revelación de sí mismo. Él declara: «Yo soy el pan vivo que descen-

162

dió del cielo» (Juan 6.51). Él es la Palabra viva de Dios, con la cual vivimos (véase Deuteronomio 8.2-3).

Jeremías lo escribió así:

Fueron halladas tus palabras, y yo las comí; y tu palabra me fue por gozo y por alegría de mi corazón (Jeremías 15.16).

Jeremías fue otro, como Isaías, que pasó por la purificación de Dios. Igual que Moisés, no tenía deseo por el sistema del mundo. Se había separado voluntariamente para conocer a Dios. Su delicia estaba en las palabras de Dios; esta era su comida. Fue perseguido, puesto que predicaba el corazón de Dios a un pueblo reincidente:

La palabra de Jehová me ha sido para afrenta y escarnio cada día. Y dije: No me acordaré más de Él ni hablaré más en su nombre; no obstante, había en mi corazón como un fuego ardiente metido en mis huesos; traté de sufrirlo, y no pude (Jeremías 20.8-9).

Juan el Bautista fue otro con hambre por las palabras de Dios. Se separó del mundo y de la hipocresía religiosa. Su herencia fue ser capacitado en Jerusalén, con los hijos de otros sacerdotes, para ser un líder. Renunció a los planes del hombre para él y obedeció a Dios. Estando en el desierto le llegó el mensaje de Dios. Él también dio lugar al corazón de Dios. Jesús dijo de él: «Era antorcha que ardía y alumbraba; y vosotros quisisteis regocijaros por un tiempo en su luz» (Juan 5.35).

Estamos llamados a arder con el fuego de la gloria de Dios, como ardieron Moisés, Isaías, Jeremías, Juan, Pablo y muchos otros. Pero esto no sucederá si no nos apartamos voluntariamente de los deseos de este mundo. Aquí estamos llamados a vivir como peregrinos y extranjeros. Nuestra verdadera satisfacción llegará solamente cuando seamos consumidos de tal modo por su Palabra, que esta sea nuestra meditación todo el día. Entonces el fuego de Dios arderá con brillo en nosotros y sobre nosotros. Cuando hombres y mujeres jóvenes se enamoran, nadie tiene que decirles: «Piensa en tu amado todo el día». No, ellos piensan en su ser amado en todo momento.

Malaquías anticipó dos clases de personas en la iglesia de los últimos días. Ambas pasarán por el proceso de refinamiento que ya aprendimos en capítulos anteriores. Las primeras se quejarán, diciendo: «¿De qué sirve que sirvamos a Dios, porque los malvados se divierten más que nosotros? Servimos a Dios y todo el tiempo pasamos por sufrimientos y tribulaciones» (Malaquías 3.14-15, paráfrasis del autor).

El informe del segundo grupo de personas es diferente:

Entonces los que temían a Jehová hablaron cada uno a su compañero; y Jehová escuchó y oyó, y fue escrito libro de memoria delante de Él para los que temen a Jehová, y para los que piensan en su nombre (Malaquías 3.16).

Estas personas amaban los caminos y la Palabra de Dios más de lo que cualquier sufrimiento pudiera ensombrecer. Pero el profeta habla de lo que ocurrirá:

He aquí, viene el día ardiente como un horno, y todos los soberbios y todos los que hacen maldad serán estopa; aquel día que vendrá los abrasará, ha dicho Jehová de los ejércitos, y no les dejará ni raíz ni rama. Mas a vosotros los que teméis mi nombre, nacerá el Sol de justicia, y en sus alas traerá salvación; y saldréis, y saltaréis como becerros de la manada. Hollaréis a los malos, los cuales serán ceniza bajo las plantas de vuestros pies, en el día en que yo actúe, ha dicho Jehová de los ejércitos (Malaquías 4.1-3).

Malaquías habla del «Sol de justicia». El sol es una inmensa bola de fuego. Así es como en los últimos días Jesús se manifestará a los que le temen. Estos habrán meditado en su Palabra a partir de su amor puro por los caminos de Dios. El fuego de su gloria se levantará sobre ellos y será vista por individuos en total oscuridad. Como resultado de los ministerios de esas lámparas ardientes y brillantes llegará una cosecha de almas nunca antes vista. Sus corazones arderán con su Palabra, y las tinieblas no los vencerán.

Vemos esto fugazmente con dos de los discípulos de Jesús después de la resurrección:

He aquí, dos de ellos iban el mismo día a una aldea llamada Emaús, que estaba a sesenta estadios de Jerusalén. E iban hablando entre sí de todas aquellas cosas que habían acontecido. Sucedió que mientras hablaban y discutían entre sí, Jesús mismo se acercó, y caminaba con ellos (Lucas 24.13-15).

¡Cielos! Los discípulos pasaban tiempos difíciles pero hablaban de las cosas de Dios. Mientras lo hacían, Jesús se acercó. Cuando nosotros conversamos del temor y el amor del Señor, Él se acerca. Después de acercarse, leemos: «Comenzando desde Moisés, y siguiendo por todos los profetas, les declaraba en todas las Escrituras lo que de Él decían» (v. 27).

¡Qué banquete! Cómo anhelo tener a Jesús revelado en gran manera. Él es la satisfacción de mi alma nostálgica. Mientras conversaban sobre sus temas de meditación, Él les abrió los ojos para verlo en las Escrituras: «Entonces les fueron abiertos los ojos, y le reconocieron» (v. 31). Oh, Padre, ¡abre nuestros ojos para ver a Jesús!

Los dos discípulos se decían uno al otro: «¿No ardía nuestro corazón en nosotros, mientras nos hablaba en el camino?» (v. 32). ¿Cuándo ardió el corazón de Moisés y aceptó el cambio? Cuando oyó las palabras de Dios en su presencia. ¿Qué le dio la capacidad de oír sus palabras desde su gloriosa presencia? Su decisión de apartarse de Egipto y obedecer a quien anhelaba conocer. Estimó más el oprobio de Cristo que los tesoros en Egipto, porque miraba el galardón. Mi esperanza es que dentro de su alma se agite un anhelo profundo por Él.

CAPÍTULO 14

ELLOS VERÁN SU ROSTRO

*Se pondrán de pie ante Él libres de las manchas del mundo,
con los corazones encendidos en santa pasión.*

Nuestros más grandiosos días están por venir. El Señor ha reservado un pueblo para sí mismo. Estos escucharán el grito del corazón de Dios y caminarán en santidad delante de Él. Personificarán a los creyentes verdaderos (los que sin dudar oyen y obedecen su voz). Se pondrán de pie delante de Él libres de las manchas del mundo, con los corazones encendidos en santa pasión. Exactamente como Él tiene celos por ellos, ellos tendrán celo por Él. Por medio de ellos Él revelará su gloria a un mundo perdido y en agonía.

En la vida de Jacob, nieto de Abraham, encontramos un presagio de lo que Dios hará por quienes lo honren. El Señor dijo a Jacob: «Levántate y sube a Bet-el, y quédate allí; y haz allí un altar al Dios que te apareció» (Génesis 35.1). *Bet-el* significa «casa de Dios». En otra ocasión Jacob se había encontrado allí con el Señor. Dios lo invitó: «Jacob, acércate a mí y yo me acercaré a ti». Jacob respondió y dio instrucciones a los suyos:

> Quitad los dioses ajenos que hay entre vosotros, y limpiaos, y mudad vuestros vestidos. Y levantémonos, y subamos a Bet-el; y haré allí altar al Dios que me respondió en el día de mi angustia, y ha estado conmigo en el camino que he andado (Génesis 35.2-3).

167

Hubo un «quitad los dioses ajenos». Recuerde que ídolo es aquello a lo que dedicamos nuestro esfuerzo o afecto, por sobre Jesús. La idolatría de los miembros de la iglesia en Laodicea era su codicia, la cual les robó la pasión necesaria para producir obras eternas (Colosenses 3.5). Las instrucciones de Jacob de limpiarse y mudar los vestidos reafirmó la importancia de la pureza y la cobertura adecuada. Jesús se dirigió de manera similar a la iglesia de Laodicea.

Jacob y su familia se acercaron a Dios: «Salieron, y el terror de Dios estuvo sobre las ciudades que había en sus alrededores, y no persiguieron a los hijos de Jacob» (Génesis 35.5). El temor de Dios los cubrió hasta tal punto, que su terror se estableció sobre las ciudades vecinas que pasaron en su viaje. Cuando nos consagramos voluntariamente a Dios, la autoridad de su presencia nos acompaña y se hace evidente a quienes nos rodean.

DEDICADO A DIOS

Charles Finney estaba totalmente dedicado a Dios. Esta consagración sobresalió sobre todo lo demás en su vida y reposó en él en los mensajes de pureza que predicaba. Por ejemplo, en una ocasión visitó una fábrica de casi tres mil empleados. El dueño y la mayoría de los trabajadores no eran salvos. Finney había estado desarrollando una campaña local, y una mujer lo reconoció e hizo un comentario despectivo. De inmediato la sobrecogió la convicción de Dios, que también se extendió a otros que habían dejado su trabajo para consolarla. A los pocos minutos toda la producción se detuvo mientras los trabajadores y el propietario quedaban cautivados por la predicación de la Palabra de Dios que hacía Charles Finney. A las pocas horas la mayoría eran salvos. Finney usó la presencia de Dios como una vestimenta, y esta fue evidente a los que lo rodeaban, tanto cristianos como paganos.

¿Por qué le ha faltado a la iglesia la autoridad de esta clase de presencia en las últimas décadas? El mundo ha vilipendiado por mucho tiempo a la iglesia estadounidense y se ha burlado de ella:

«¿Dónde está tu Dios?» Si hemos sufrido persecución, rara vez ha sido por causa de la justicia. La mayoría de las veces nos persiguen por nuestras faltas y acciones mundanas. Sin embargo, creo una vez más que Dios tiene un pueblo completamente consagrado a Él. Mi corazón arde por tales seres. ¿Y el suyo? El Señor morará con ellos y los rodeará de manera poderosa y obvia. Una vez más el temor de Dios abarcará a sus hijos como en los días de antaño.

A través de este libro me he referido a Moisés y a los hijos de Israel. La primera generación no abandonó los deseos de Egipto. No obstante, los de la siguiente generación de hebreos estuvieron vagando por tierras desiertas y se consagraron al Señor. Esta fue la generación que siguió a Josué. En el libro de Josué encontramos solo un incidente de desobediencia o idolatría, que involucró a una familia, y la nación entera se levantó en oposición a ella (Josué 7).

Cuando se preparaban para cruzar el Jordán y enfrentar a sus enemigos, Moisés se dirigió a los israelitas:

> Oye, Israel: tú vas hoy a pasar el Jordán, para entrar a desposeer a naciones más numerosas y más poderosas que tú, ciudades grandes y amuralladas hasta el cielo; un pueblo grande y alto, hijos de los anaceos, de los cuales tienes tú conocimiento, y has oído decir: ¿Quién se sostendrá delante de los hijos de Anac? Entiende, pues, hoy, que es Jehová tu Dios el que pasa delante de ti como fuego consumidor, que los destruirá y humillará delante de ti; y tú los echarás, y los destruirás en seguida, como Jehová te ha dicho (Deuteronomio 9.1-3).

¿Somos una generación como la de Josué? ¿Estamos dispuestos a caminar en tal pureza, que Dios podría ungirnos de manera tal que el mundo no pueda vencernos? ¡Que esa sea su oración!

UNA IGLESIA VENCEDORA

La iglesia primitiva caminaba en la gloriosa presencia de Dios. Oraban y se estremecían los edificios. Ananías y Safira llevaron ante Pedro una ofrenda engañosa y cayeron muertos. Por tanto la presencia de Dios era tan evidente y firme que la Biblia registra:

> De los demás, ninguno se atrevía a juntarse con ellos; mas el pueblo los alababa grandemente. Y los que creían en el Señor aumentaban más, gran número así de hombres como de mujeres, tanto que sacaban los enfermos a las calles, y los ponían en camas y lechos, para que al pasar Pedro, a lo menos su sombra cayese sobre alguno de ellos (Hechos 5.13-15).

Hoy día no es así. Los impostores se mezclan fácilmente entre los verdaderos porque nos falta el terror del fuego divino. La muerte de la pareja alertó a la sociedad circundante a no jugar con Dios o su pueblo, y muchos llegaban al Reino (véase Hechos 5.16). Los sedientos de Dios se reconocían entre los creyentes, pero los hipócritas se alejaban con pánico.

La iglesia primitiva era vencedora. Jesús prometió a la iglesia en Laodicea lo mismo que nos promete hoy día: «Al que venciere, le daré que se siente conmigo en mi trono, así como yo he vencido, y me he sentado con mi Padre en su trono» (Apocalipsis 3.21).

La iglesia que en el Apocalipsis recibió la reprensión más severa fue también a la que se le ofreció la promesa más grande. El salmista clamaba por ser un portero en el trono de Dios. Sin embargo, Jesús no solo extendió una invitación al trono sino también a sentarse con Él en su trono. Quizás ahora podemos comprender mejor las palabras de Pablo:

> Si sufrimos, también reinaremos con Él; Si le negáremos, Él también nos negará (2 Timoteo 2.12).

¿Cómo podría negar a Jesús alguien que lo confiese como Señor? Encontramos la respuesta en este versículo: «Profesan conocer a Dios, pero con los hechos lo niegan» (Tito 1.16). Vemos además que las obras hablan más fuerte que las palabras. Pablo también nos anima: «Si sufrimos, también reinaremos con Jesús».

La santidad involucra el compromiso de correr hasta el final. Tenemos la bendita promesa de que Dios nos ha dado su gracia, ¡con la cual podemos perseverar y obtener la victoria! Estos son los vencedores, y Dios les promete: «Verán su rostro, y su nombre estará en sus frentes. No habrá allí más noche; y no tienen necesidad de luz de lámpara, ni de luz del sol, porque Dios el Señor los iluminará; y reinarán por los siglos de los siglos» (Apocalipsis 22.4-5).

Moisés deseaba ver el rostro de Jesús por sobre todo lo demás. Quienes vencieren lo verán y reinarán con Él por la eternidad. Usted sostiene este libro porque ver el rostro del Señor y reinar con Él por la eternidad es el deseo más profundo que usted tiene y la mayor invitación de Jesús. Acepte esta invitación, deje que se encienda el fuego y contemple a Jesús. Que la gracia de nuestro Señor Jesucristo abunde en usted. Amén.